再造管理

管理模式的选择与创新

[英] 朱利安·伯金肖（Julian Birkinshaw）◎著

郝亚洲◎译

Reinventing Management

Smarter Choices for Getting Work Done

人民邮电出版社

北京

图书在版编目（CIP）数据

再造管理 ：管理模式的选择与创新 /（英）朱利安·伯金肖（Julian Birkinshaw）著 ；郝亚洲译. -- 北京 ：人民邮电出版社，2020.1
ISBN 978-7-115-52441-6

Ⅰ. ①再… Ⅱ. ①朱… ②郝… Ⅲ. ①企业管理—管理模式—研究 Ⅳ. ①F272.3

中国版本图书馆CIP数据核字(2019)第237345号

◆著　　[英] 朱利安·伯金肖 (Julian Birkinshaw)
译　　郝亚洲
责任编辑　宋　燕
责任印制　周昇亮

◆人民邮电出版社出版发行　　北京市丰台区成寿寺路 11 号
邮编 100164　　电子邮件 315@ptpress.com.cn
网址 http://www.ptpress.com.cn
涿州市京南印刷厂印刷

◆开本：720×960　1/16
印张：17.5　　2020 年 1 月第 1 版
字数：240 千字　　2020 年 1 月河北第 1 次印刷

著作权合同登记号　图字：01-2019-1635 号

定　价：69.00 元

读者服务热线：（010）81055522　印装质量热线：（010）81055316
反盗版热线：（010）81055315
广告经营许可证：京东工商广登字20170147号

成长也是一种美好

谨以此书献给劳拉、罗丝、邓肯和利萨。

赞　誉

PRAISE

变革不再仅仅针对一般大众，它是为所有人而来的。对信息和全球资源的即时获取，已经让我们生存和工作的世界发生了变化。朱利安·伯金肖表示，19世纪的工业管理将不再适合21世纪流动的职场。阅读这本书，为成为“改变游戏规则”的人做准备。

杰克·休斯（Jack Hughes）

TopCoder首席执行官

朱利安·伯金肖对管理在当代企业成败中扮演的角色提供了一个广泛的、清晰的、重要的概括。如此一来，它便能指导管理者从不同的角度思考如何履行自己的职责，指导研究人员提出一些不同的、更重要且更有趣的问题。伯金肖在解读这方面问题时所体现的智慧和严谨是独一无二的。

杰弗瑞·菲佛（Jeffrey Pfeffer）

斯坦福大学商学院教授，《他们在想什么？关于管理的不寻常智慧》（*What Were They Thinking? Unconventional Wisdom About Management*）作者

技术和社会变化对商业世界和企业管理方式都产生了巨大的影响。在本书中，朱利安·伯金肖构筑了一幅管理界将发生何种变化的路线图，为那些希望驾

驭 Web 2.0 时代的具有潜能的公司提供了有用的建议。

P.V. 卡南（P.V. Kannan）

24/7 Customer 首席执行官

我们已经在 DiGi 业务上践行了伯金肖教授的理念，这些观点帮助我们搭建了关于现行管理模式和未来计划将如何发展的内部讨论的框架。

约翰·丹尼林德（Johan Dennelind）

马来西亚电信运营商 DiGi 首席执行官

管理是一个经常被误解但却非常重要的才能。实际上，管理也是一种职业。朱利安·伯金肖对什么是真正的管理给出了新的看法，并且提供了一种有效的框架，它们能够帮助高管在工作中做出更明智的选择。对商界中那些关注提升职业技能和管理质量的人来说，本书值得拜读。

里特布赖特爵士（Sir John Ritblat）

英国地产公司（British Land）名誉主席

朱利安·伯金肖在其最新著作中强有力地引出了由内而外管理方式的必要性。他的书为我们提供了在当今不断变化的环境中有关再造管理的“另类”观点。本书会为管理者和领导者提供一次全新的阅读体验。

维尼特·纳尼亚（Vineet Nayar）

HCL 科技公司首席执行官

我们是第一批生活在呈指数级发展年代（exponential age）的人类，也是第一批将要面对彻底的、加速变革的人类。问题是，我们的组织还未准备好迎接挑战。绝大多数公司施行的自上而下的、过于官僚的管理模式都创建于 20 世纪初的几十年，当时成功的概率比较大。在这本重要的新书中，朱利安·伯金肖帮助我们突破老旧的管理实践，大胆想象新的领导方式、管理方式和组织方式。本书借助多个思维拓展的例子，对那些想要打造一个真正适应未来的组织的管理者来说，的确是一本必读之物。

加里·哈默尔（Gary Hamel）

畅销书《管理大未来》（*The Future of Management*）作者

他讨论了很多重要的问题，并给出了宝贵的见解和建议，能够帮助我们发展形成一种与众不同的管理模式。

《职业经理人》（*Professional Manager*）

这是一本卓越的、非常有趣的、发人深省的书，一本必读之物。

——*Edge*[①]

① 英国未来出版社出版的游戏杂志。该杂志由记者史蒂夫·贾瑞特（Steve Jorrett）创办。——编者注

译者序
TRANSLATOR'S PREFACE

2011年，我在管理创新实验室（Management Innovation Lab, MLab）的网站上看到这本书的介绍，仅仅是书名就让我兴奋不已。那时，正处于国内各互联网企业激战正酣之时，恰逢微信刚刚推出，机会与挑战并存。

因为资本与技术的合力加持，国内的互联网产业竞争如火如荼，“管理”不仅作为话题，即使是作为“功能”都很少被提及。在那时，“管理”似乎只和传统产业具有相对密切的关联。

同样是在那时，国内的企业家敢于把管理变革作为主旨拿出来说的，似乎只有张瑞敏。如今被热议的华为当时也因为还未在手机领域取得辉煌的战绩，并未被过分关注。但大家能明显地感觉到，管理变革的大时代正在悄然来临。只是，我们还没有具备充分描述它的能力。

MLab是管理大师加里·哈默尔和伦敦商学院的教授伯金肖共同创办的研究机构。他们曾一直致力于在全球寻找管理创新的案例。哈默尔自不必说，其搭档伯金肖也是一位在管理变革领域的实力担当。就在2009年上半年，他率队访问微信，与张小龙做了深度交流，然后他把微信案例带入伦敦商学院的课堂。

其实，我当时一直苦于寻找一本有关管理变革的指导书，它既不同于哈默尔激情四射的预言体，也不同于欧美商学院教授们擅长的学术体，而是介于两者之间，可以从愿景到实操给出一个相对清晰的路径。这也是我在MLab的网站上看到这本书的简介时兴奋不已的原因。起码，截至目前，伯金肖还是第一个站出来系统地解释“管理需要被再造”的学者。

如果说汤姆·彼得斯（Tom Peters）和加里·哈默尔是新管理思维的旗手，伯金肖则显得冷静很多。伯金肖的作品就像一把精准的手术刀，切开了传统管理的皮囊，找出了正在发生病变的部位。但他又不会完全像西医那样，一刀下去，把当下和未来做一个彻底地切割。他更愿意去辩证，去努力在两个时代之间搭建一座桥梁。

我们在这本书里可以明显地感受到伯金肖的激情是引而不发的。他不会痛斥传统的无能，也不会讴歌未来的美好。他认为，所谓经典管理并没有随着人性在时代中的逐浪而做出及时的改变，就像发轫于第二次世界大战期间的通用管理模式忽略了人性多样性在战后大繁荣时代中的释放一样。

同时，他也对“领导者”这个在战时被赋予无限光环的词汇真诚地表达了反感。他直接指出了约翰·科特（John Kotter）和沃伦·本尼斯（Warren Bennis）对管理者的误导。为什么“管理者”就不能是“领导者”呢？显然，他已经看到管理陷入了庸俗化表达的境地，一门科学的艺术竟然最后被所谓的个人魅力取代。仅仅这一点，就足够当前国内各路所谓“管理大师们”自省。

本书是一本面向中高层管理者的作品，不仅因为作者在书中纠正了世俗对“管理”的错误认知，更重要的是，书中的工具可以很好地帮助各级管理者看清自己所处的管理环境，并为自身的管理策略做出判断。

管理究竟是什么？你的管理模式是什么？你如何进行决策和沟通？这是本书着重解决的几大问题。在这些问题的背后，是一个关于人、组织和环境三方交互的命题。伯金肖的过人之处在于，他将其统筹在了“管理模式”之内，这一点成就是前无古人的。

翻译本书是一个时常在深夜中让自己心潮澎湃的过程，但也有必要在此指出作者的不足之处。由于英文版成书是在8年前，即使作者后来做了更新，我们依然从中能看到其案例视野的不足。事实上，在 2012 年之后，中国管理界就进入了一个概念和实践在飞速迭代的阶段，海尔、华为、阿里巴巴、腾讯、美团等一系列在管理上深耕细作的公司，在经过了较长时间的铺陈之后，开始进入爆发期。这种爆发无疑是超越了当下西方管理实践范畴的。

所以，在阅读本书的过程中，你可能不会像我在最初读到这本书时那样兴奋不已。但作者提供的行动框架和冷静且深入的思考，也足以让当下的管理者们从喧嚣的舞台上得以沉静。

此外，作者的文笔也很不错。

郝亚洲

前 言

PREFACE

本书会告诉你管理是什么，它为什么如此重要，以及通过认真对待管理，你如何为你的公司创造竞争优势。

鉴于有经理头衔的人如过江之鲫，且许多组织的管理糟糕透顶，你或许认为市面上有关这个话题的书已然卷帙浩繁。但事实是，专门撰写关于管理本质的管理学作家凤毛麟角。这些年来，仅有几个孤独的声音，其中以彼得·德鲁克（Peter Drucker）和亨利·明茨伯格（Henry Mintzberg）的声音最为响亮，一直提醒着我们管理的重要性。而绝大多数作者偏向于关注那些更有诱惑力的主题，如领导力、变革和战略。

有两种关于管理实践的偏见能够帮助我们解释为什么管理没有得到应有的重视。第一种偏见认为，管理是简单的、永恒的、不变的。持这种观点的人认为，人类从金字塔时代开始就一直实践着一群人管理另一群人的活动，而且合作和控制的基本任务从古至今丝毫未变。所以，真的有什么新鲜的东西值得学习吗？是的，事实上，确实有。虽然管理的职能（即需要完成什么任务）在岁月的流逝中几乎未曾改变，但管理的方式（即如何完成）已经发生了巨大的变化。同时，今天的商界正在孕育的科技进步和社会变化将会给未来带来更伟大的变革。

第二种偏见认为，组织真正需要的是领导者，而不是管理者。领导力可能是当下商业书籍中最大的一个类别，并且每个商学院都开设了相关课程帮助大家提高自身的领导技能。管理则默默地屈身于领导力的光环之下，通常被视为一项必需的但却乏味的活动。

但是，领导力这个新宠显然并没有真正地帮助我们的企业组织提高敏捷性和竞争力。事实上，今日商界问题之所在，当属企业未能如它们应该做到的那样，将其伟大的计划有效地贯彻落实。这就是我们的目标与我们达成目标的能力之间存在的差距。我相信能够填补这个差距的正是管理工作，即通过其他人完成任务的学科。

换句话讲，管理与领导力同等重要。它们是拉着同一驾马车的两匹马。我们需要给予管理更多的重视，这样才能将其拉回到和领导力平等的地位。

有趣的是，从2010年本书问世至今，人们对管理领域的关注真正升温了。例如，与本书同一时期出版的其他图书，包括托马斯·达文波特（Thomas Davenport）和斯蒂芬·哈丁（Stephen Harding）共同撰写的《管理者新解》（*Manager Redefined*）、斯蒂芬·丹宁（Stephen Denning）的《激进管理领导者指南》（*The Leaders Guide to Radical Management*）、爱德华·劳勒三世（Ed Lawler）和克里斯托弗·沃利（Christopher Worley）共同撰写的《管理重启》（*Management Reset*）、鲍勃·萨顿（Bob Sutton）的《好老板，坏老板》（*Good Boss, Bad Boss*）、琳达·希尔（Linda Hill）和肯特·莱恩巴克（Kent Lineback）共同撰写的《上任第一年 2: 从团队管理者到卓越领导者的成功转型》（*Being the Boss*）等。现在说管理已经回到与领导力同等重要的地位还为时尚早，但至少出现了一些上升的势头。另一个重要进展是管理创新交流项目（Management Innovation Exchange，MIX）的出现，这是加里·哈默尔首次全力尝试创建一个在线社群。在这里，人们可以实时地讨论和发展管理思想，且无须调解。

我对管理的研究始于5年前，当时我刚开始与伦敦商学院（London Business School）客座教授、芝加哥咨询公司策士（Strategos）创始人加里·哈默尔合作。我们都对使公司变得更灵活、更具有企业家精神怀有浓厚的兴趣。很快，我们达成共识，认为阻碍变革的最大因素就是绝大多数公司惯用的、陈旧的管理方式。于是，管理创新实验室（Management Innovation Lab，MLab）这一概念应运而生，并且得到了伦敦商学院、瑞银集团（UBS）、戴维·波特（David Potter）和伊莱恩·波特（Elaine Potter）慈善基金会、英国特许人事发展协会和高级管理研究所的大力支持。

MLab 的使命是“加速管理的演变”（Accelerate the evolution of management）。当我们向人们解释这个概念的时候，很多人都迷惑不解。“你如何创新管理？”“到底什么是管理？”“你确定你说的是领导力，而不是管理？”这些偏见全部浮现出来，但是我们坚持己见。起初，我们和少数几家具有变革意识的公司合作，帮助它们构想并尝试创新的管理方法。我们和世界各地几十家公司的管理创新者建立了关系——这些人将自己试验性的管理方法付诸实践，想借此确认这些方法是否确实有效。前面提到的管理创新交流项目便是这些先驱者致力于以一种全新的方式与公司合作的自然产物之一。对那些想要寻找灵感和实用方法来开发新的工作方式的人来说，加里·哈默尔创办的 MIX 是一个非常有价值的资源。

4 年前，我与同事迈克尔·莫尔（Michael Mol）共同撰写了《追求卓越：150 年来最伟大的 50 项管理创新史》（*Giant Steps in Management*：*Innovations that Change the Way We Work*）。这本书旨在梳理解读管理创新的历史，内容包括全面质量管理（Total Quality Management）、品牌管理（Brand Management）和作业成本法（Activity Based Costing）在内的 50 个关键创新方法，以及它们是如何影响管理学这一领域的发展进程的。我们很有兴趣去了解这些创新是如何发生的，以及它们又是如何在 150 年的时间里共同作用使管理工作的性质发生转变的。

在本书中，我把注意力转向未来。我不关注个体的管理创新，而是关注公司的管理模式——公司高层在考虑如何完成工作时做出的有意识的选择。我相信，简单地寻找改进单个管理元素的方法是不够的，例如改进薪酬管理体系或使规划体系更加有效。我认为挑战在于：如何能够让这些离散的选择恰如其分地组合在一起并发挥效应，明确管理模式，使其作为一个整体来支撑并丰富你的公司战略。

本书提供了公司再造管理所需的框架结构和工具，还将描述公司用于协调合作、制定决策、设立目标和激励员工所需的整套方式方法。除此之外，本书还将帮助你结合自身所处的特定环境做出更明智的抉择，以成就你的梦想。

目　录

CONTENTS

① 见智元微库公司网站：www. zhiyuanbooks. com. 如有需要，请前往网站下载注释内容电子版。——编者注

第 1 章

为什么管理会失败

1

有一个简单的思维实验。大约 40 年后，你收到了一条你的孙女发来的短信。她在学校被分派了一项任务——分析 2007—2013 年西方国家经济大萧条的成因。“你生活在那个年代，”她说，“你能告诉我答案吗？”

当然，关于西方当前的经济危机是如何爆发的，我们都有自己的观点，并且不可避免地会归咎于一些直接原因，如过度借贷、低利率和宽松的金融监管体系。但是，随着这些因素逐渐成为历史，我们对这一切的理解也将会改变。许多直接原因的重要性将逐渐减弱。与此同时，其他不那么明显和不那么直接的原因将变得更加重要。

这些不那么明显和不那么直接的原因是什么？只有时间才能证明。但我认为，截至目前，我们过于关注“政策”方面，比如中央银行行长、政府官员和监管机构做出的决定。诚然，他们的决定固然重要，但是他们只能做那么多。他们制定规则，操纵一些重要的杠杆，有权惩罚违法之人。

但是，在资本主义经济体制中，我认为公司才是真正的变革推动者（agents of change）。它们是推动经济增长的商品和服务的生产者。它们雇用大量的人力。当机会来临时，它们有能力果断地采取行动，将资金投入人力和新的技术上。它们也会在很大程度上犯错，比如将资源投向欠缺思考的项目，允许出现疏忽和不负责任的行为，提供令人失望且不会让人产生灵感的工作场所。

因此，我们就会得出一个预测。大约 40 年后，一场有关“2007—2013 年经济大萧条”成因的讨论将不再局限于低利率、过度借贷和宽松的金融监管体系。它还将包括承认绝大多数企业在 20 世纪 90 年代和 21 世纪初采用了有缺陷的管理模式；这种管理模式导致了仓促的决议、糟糕的风险管理，以及考虑不周的激励制度。有人认为，这种管理模式的缺陷加剧了政策制定者制造的问题，并在很大程度上导致了衰退的时间延长和深度加剧。

我不知道这是不是一个令人惊讶的论点，但是不难证明，糟糕的管理是我们今天面临的问题的一部分。以下这些发生在过去 12 个月的案例值得我们思考：

- 2011 年春天：在针对英国石油（BP）发生在墨西哥湾地区的石油漏油事件的报告中，美国国家委员会直截了当地把责任归咎于管理层。马孔多油井（Macondo）漏油事故并不像一些人认为的那样，是各种技术故障巧合同时发生所致。虽然是许多技术故障引发了这场灾难，但是首席顾问团队认为，这些故障都可以追溯到管理层的重大失误。[1]
- 2011 年夏天：鲁伯特·默多克（Rupert Murdoch）旗下的《世界新闻报》（*News of the World*）曝出窃听电话丑闻，把新闻集团（News Corp）拖入泥潭。一个由多名股东组成的代表团起诉新闻集团“未能适时行使监管权并采取有效的行动”，从而导致“大量可疑交易的出现，对公司资源的浪费，成为重磅丑闻的主角，引发了一场重大的公共关系灾难”。[2]
- 2011 年秋天：尽管瑞银集团在后信贷危机时期已收紧了风险管理制度，但身陷囹圄的瑞银集团因交易员奎库·阿杜伯利（Kweku Adoboli）犯下的过错招致 23 亿美元的亏损。一位观察人士称，“如此重大的欺诈只可能发生在风险监管非常宽松的金融机构。”[3]
- 2011 年冬天：英国金融服务管理局（Financial Services Authority）于 12 月

21 日公布了人们期待已久的对苏格兰皇家银行（Royal Bank of Scotland）倒闭一案的调查报告。报告总结道："苏格兰皇家银行公司治理和文化的根本缺失使其倾向于做出糟糕的决策。"

当然，"管理之错"乃是老生常谈。按照定义，任何一家公司存在的所有问题都是高层人员的责任。但我们可以在这里更深入地阐明管理失败的确切方式。我们将通过对比雷曼兄弟公司（Lehman Brothers）和通用汽车公司（General Motors，GM）这两家备受关注的破产案来说明这一点。

雷曼兄弟公司之死

自 1993 年以来，雷曼兄弟公司一直由华尔街的传奇人物迪克·富尔德（Dick Fuld）领导，他是"典型的命令型和控制型 CEO"[4]。富尔德鼓励自己的管理团队恪尽职守，但是他的管理风格咄咄逼人，令人生畏。一位曾经在雷曼兄弟公司工作的雇员说道："他的管理风格为这场灾难埋下了种子。这意味着即使老板的判断是错误的，或者是事情从一开始就走向了错误的方向，也没有人敢也不能挑战他的权威"。

所有事情确实走向了错误的方向。2007 年，雷曼兄弟公司实现了创纪录的盈利 42 亿美元，但是这样的业绩源于置必需的资本标准而不顾，一味地追求高风险、低利润率的业务。当次贷危机爆发之后，雷曼兄弟公司才发现自己暴露在风险之下，并且不堪一击。富尔德曾探讨过与几家财大气粗的竞争对手合并的可能性，但是他无法接受它们给出的低估值。2008 年 9 月 15 日，雷曼兄弟公司申请破产。

雷曼兄弟公司破产的根本原因是什么？迪克·富尔德毫不妥协的管理风格并不是全部的原因，只有深挖公司根本的管理模式才能理解到底发生了什么。具体原因如下。

糟糕的风险管理

与大多数竞争对手一样，雷曼兄弟公司未能理解与所有抵押贷款支持证券（mortgage-backed securities）类别相关的风险。但更重要的是，没有人意识到要对这些产品的风险承担责任。由于雷曼兄弟公司总是依赖于条条框框的规则，而不是谨慎地通过个人判断来考量环境的变化，从而做出了许多糟糕的决策。

不当的激励政策

雷曼兄弟公司的员工深谙如何让自己的奖金最大化之道。他们也知道这些行为会损害股东的长期利益，但是有缺陷的激励机制（例如，设定的目标通常基于营业收入，而不是利润，鼓励个人努力甚于团队合作等）刺激了他们的这些行为。

缺乏长期统一愿景

雷曼兄弟公司曾寄希望于“在2012年成为行业老大”，但这不是愿景，而只是一种取得行业领导者地位的欲望。雷曼兄弟公司并没有为员工提供内在激励或任何动力，让他们努力工作以实现上述目标；相反，它只是为了超越竞争对手。因此，上述愿景很难达到统一：位于纽约和伦敦的两家分公司一直在明争暗斗。

当然，雷曼兄弟公司并非管理模式失败的孤证。除了高盛（Goldman Sachs）和摩根（JP Morgan）等一些公司，这些做法在投资银行业中早已司空见惯。正是雷曼兄弟公司的管理模式、作为独立经纪商的脆弱地位，以及在次贷危机中的巨大风险敞口，最终导致了雷曼兄弟公司的破产。

一种更有效的管理模式或有望改变这一切。相反，管理似乎不是什么重要的事。什么是管理模式？一个概括性的定义就是为了完成组织内的工作而做出的一系列选择，这也是我们在下一章中将要全面讨论的内容。投资银行业有一个鲜为人知的秘密，即投资银行自己的管理体系远不及它们的一些客户。例如，员工常常因为技术方面的表现而非管理能力或才能得以晋升；容忍攻击性和恐吓行为；有效的团队合作和观点分享是极其少见的。

这些也都不是新问题了。早在 2002 年,《经济学人》在一份银行业报告中说，投资银行“是地球上管理最糟糕的机构之一”。[5] 回溯到 1993 年，早期的金融危机之后，花旗集团首席执行官约翰·里德（John Reed）写了一份备忘录，记录了自己公司存在的所有管理问题：“官僚体系让我深感挫败……我认为我们 75% 的管理流程是不必要的……我们需要改变的勇气。”[6] 残酷的事实是，数十年来绝大多数投资银行的管理都很糟糕，尽管它们赚取了丰厚的利润。最终，2008 年的国际金融危机使所有问题都暴露于阳光之下。

通用汽车公司的破产

通用汽车公司也是一家历史悠久并享有盛誉的公司。在第一次世界大战后，通用汽车公司一直被视为现代工业企业的翘楚，在世界最重要的制造领域中扮演领导者的角色。然而，通用汽车公司的市场占有率从 1962 年的 51% 一路下滑到 2008 年的 22%。诚然，来自日本的新竞争对手是通用汽车公司陷入困境的最初原因，尽管历任高管试图力挽狂澜，但通用汽车公司依然未能摆脱下滑的颓势。2008 年的国际金融危机是压垮通用汽车公司的最后一根稻草：由于信贷收紧，消费者无力购买汽车，公司的现金流被切断，通用汽车公司最终在 2009 年 5 月申请破产。破产重组之后，通用汽车公司于 2010 年 11 月重返股市。

与大多数案例一样，通用汽车公司衰败的根源可以说与其早期的成功有着直接的关系。得益于艾尔弗雷德·斯隆（Alfred P. Sloan）著名的管理创新战略——事业部制组织结构（multidivisional）和专业化管理的公司，通用汽车公司通过设立以利润为目标的半自治事业部，并以企业中心长期规划为目标组建了一支由高管组成的专业团队。斯隆领导下的通用汽车公司很好地解决了规模经济和范围经济无法融合的难题。毫不夸张地说，通用汽车公司是两次世界大战期间管理最出众的公司。当时的两本畅销书，即斯隆的《我在通用汽车的岁月》（*My Years with General Motors*）和彼得·F. 德鲁克（Peter F. Drucker）的《公司的概念》（*Concept of the Corporation*），实质上都是通用管理模式的案例研究，书中提出的观点也被广泛复制。[7]

那么，通用汽车公司的问题到底出在哪里？通用汽车是官僚体系的典范，有着规范的制度和程序、清晰的等级制度，以及标准化的投入和产出。多年来，这种体制运转良好，可以说是太好了，它把通用汽车公司推至行业主导地位，使其逐渐掌握了对供应链和消费者的控制权。1967 年，经济学家约翰·肯尼斯·加尔布雷斯（John Kenneth Galbraith）在他那篇颇具影响力的论文《新工业国》（*The New Industrial State*）中是这样评价通用汽车的：

> 决定生产什么的主动权并不是来自主权消费者，由消费者通过市场发出指令，使生产机制屈从于自己的终级意愿。相反，这种主动权来自一个大型生产组织，而这个组织能够控制它所服务的市场。[8]

这样的模式在三大巨头[①]占据主导地位的行业里运转良好。但是，1973 年油价高位震荡、日本竞争者崛起，以及消费者重新夺回主动权改变了这一切。在那样的情况下，通用汽车公司的所有优势，即规范化程序驱动的等级制度反而成为劣势，使新车型的研发进展过慢，设计过于保守，成本基数过高。通用汽车公司原副主席艾尔默·约翰逊（Elmer Johnson）在 1988 年写下的一篇著名的备忘录中就非常清晰地总结了问题：

> ……我们面临的最严重的问题涉及组织和文化……因此，我们期待一场大范围的变革，这依赖于 500 名公司高层根本性的文化转变，一部分通过改变这个组织的会员制度来完成，一部分通过改变政策、流程和固化当前思想的条条框框来实现……我们的许多委员会和决策组会议已经差不多成为消磨时光的例行公事……我们的文化不鼓励高管之间开诚布公地讨论以解决问题……500 名公司高管中的绝大部分人通常每两年换一次工作，没有承担长期项目的责任感。在某种程度上，他们就像联邦官僚机构中被选举或任命的高级官员。他们的去与留几乎不会对运营产生什么影响。”[9]

20 世纪 80 年代，美国总统候选人罗斯·佩罗（Ross Perot）在将其电子数据系统公司（EDS）出售给通用汽车公司时，曾发表类似的、更直白的看法：“在通用汽车公司，压力并不在于获取胜利的结果，而是来自官僚制度，来自对通用制度的顺从。”[10] 换句话讲，通用汽车公司正是被第二次世界大战（以下简称“二战”）后其赖以成功的所有因素所扼杀的，这些因素包括规范化的流程、谨慎

① 是指通用汽车公司、福特公司和克莱斯勒。——译者注

的规划、事不关己的决策态度和牢固的层级制度。

现在，这个故事人人皆知。需要指出的是，通用汽车公司的破产与雷曼兄弟的一样，在很大程度上源于管理的失败。但是，通用汽车公司犯下的错误与雷曼兄弟公司的又截然不同。

- 雷曼兄弟公司通过外在的和物质上的奖励来刺激员工，并使用多种手段鼓励个人主义和冒险精神，而通用汽车公司员工的薪酬并不高。通用汽车公司只雇用热爱汽车行业的人，并且只提拔厌恶风险的、忠心耿耿的员工。
- 在大多数时候，雷曼兄弟公司的协作和决策制度是非规范化的，通用汽车公司则强调规范的流程和制度。
- 雷曼兄弟公司没有明确的目标，也没有更高层次的使命，通用汽车公司则有着一个非常清晰和长期的愿景——成为交通运输业的领导者。

雷曼兄弟公司和通用汽车公司的破产可以归咎于许多原因。其中一些纯粹是外部因素，对通用汽车公司来说，就是来自日本的竞争对手和不断上涨的油价。对雷曼兄弟公司而言，则是糟糕的监管和决策。

我的观点，即本书的主旨就是我们必须学会向内看，审视这两家公司都采用了哪些潜在的管理模式，不管这种模式是下意识的还是有意识的。我们将很快研究何谓管理模式，但是此刻，我们可以把它看作关于如何在组织中完成工作的一组选择。因此，精心选择的管理模式可以成为企业竞争优势的源泉；选择不当的管理模式可能导致企业走向毁灭。但是，从另外的角度来看，雷曼兄弟公司和通用汽车公司的案例完全说明了，坚持一种过时的管理模式的结果便是走向没落。安然公司（Enron）和泰科（Tyco）的轰然倒下也是这一观点很好的例证。

令人失望的管理

今天，我们都知道管理就是努力去完成想要完成的工作。但是，我们也注意到，越来越多的迹象表明，管理作为一门学科的幻想正在悄然破灭。

管理作为一种职业未能得到足够的尊重

2008 年，盖洛普对 21 个从事不同职业的员工进行了一项有关诚信和道德规范的调查，仅 12% 的受访者认为企业高管有很高 / 非常高的诚实度，这创下了历史最低纪录。37% 的受访者认为企业高管有很差 / 非常差的诚实度，位列律师、工会领袖、房地产经纪商、建筑承包商和银行家之后。[11]2009 年，《今日管理》（*Management Today*）的一份调查显示，31% 的受访者对他们管理团队的信任度很低，甚至不信任。[12]

员工与他们的老板相处得并不愉快

关于这一点，最有说服力的证据来自经济学家理查德·雷亚德（Richard Layard）所做的一份关于幸福程度的研究。[13] 人在和谁交往时最快乐？朋友和家庭位居榜首，老板则排在最后。雷亚德的调查显示，人们宁愿独处，也不愿意和自己的老板交流。这是对管理行业的一种谴责。

不存在正面的角色楷模

我们都知道为什么《呆伯特》（*Dilbert*）一直以来都是最畅销的商业书，为什么情景喜剧《办公室》（*The Office*）在大西洋两岸都备受欢迎？因为它们表现得很真实。《呆伯特》中那个发型尖尖的老板是一个以自我为中心的人；迈克尔·斯科特（Michael Scott）（如果看的英国版，对应角色是戴维·布兰特）则完全没有自我意识，频频被自己的下属愚弄。如果这两个人物作为“管理者”的形象深入人心，那么我们要为这个很严重的问题负责。有趣的是，“领导者”这个词有着更加诱人的内涵和一些积极的榜样，但是我们很快就会回到领导者与管理者的区别上来。

管理者通常不会在早上去上班时想：“我今天要扮演一个混蛋的角色，让我的员工过得很惨”。但是总会有一些那样的行为，因为他们就是其工作环境的缔造者，这个结果已经在过去的150年形成了。残酷的现实是，虽然有一些明显的特例，但今天的大型商业组织已经成为我们消磨职业生涯的地方。恐惧和不信任成为普遍现象。咄咄逼人的、令人不悦的行为却被容忍。创造力和激情被压制。但好消息是，对那些勇于开拓的公司及其员工以及整个社会来说，如果想进步，机遇遍地都是。

我们都很清楚，这个问题没有简单的解决方案。许多思想家和行业先驱都面临相同的问题，采取的方案也收效甚微。但是，我们至少应该认识到这是一个值得钻研的问题。从大的范围来看，管理已经失败，雷曼兄弟公司和通用汽车公司的多位雇员和股东就是例证。从个人层面来讲，管理也是失败的，如同我们每个人所看到的。

我们必须反思管理。我们需要帮助管理者找到最佳的管理方法，需要推动员工勇于承担一些责任，需要帮助管理者得到他们应该得到的。这些都是我们在这本书中要解决的挑战。

管理的堕落

管理到底错在哪里？我们不能简单地将其归咎于几位不靠谱的管理者或者糟

糕的决策，我们也不能单独批评某几个具体的公司或者行业。这个问题是系统性的，需要重新梳理。大公司的管理者可能首当其冲，但是许多与管理问题相关的其他人也难逃干系，包括决策者、监管者、学者和咨询顾问。

在讨论哪里出问题之前，我们需要对管理有一个清晰的定义。从玛丽·帕克·芙丽特（Mary Parker Follett）、亨利·法约尔（Henri Fayol）和切斯特·伯纳德（Chester Barnard）到彼得·德鲁克、亨利·明茨伯格（Henry Mintzberg）和加里·哈默尔，这些杰出学者都对此提出了自己的看法，在此，我引用维基百科（Wikipedia）的定义：

> 管理是一种把人们聚在一起实现既定目标和目的的行为。

请花几分钟思考这一定义。这个定义缺失了很多元素，没有提到计划、组织、员工、控制和其他许多通常与管理相关的活动。这个定义也没有提到有限责任公司（company）和股份公司（corporation），甚至丝毫未提层级和官僚。但是这个定义精确地表明了一点，即管理是一种社会行为，仅仅只是把人聚在一起实现单靠他们个人不能实现的目标。足球教练是管理者，乐团的指挥和童子军队长也是管理者。在某种程度上，我们需要给这个定义进行一些限定，使之与商业背景相关，但是现在我们先使用这个词的通用定义。

我认为管理作为一种社会活动、一种哲学，在过去100年来已经逐渐“堕落”。我所说的堕落并非指做了不道德或不诚实的事（尽管近些年确实有些管理者出现过这种问题），而是说这个词已经被“传染”或“污染”。与维基百科和韦氏字典的定义相比，这个词已经变质成某种更狭义、更具贬义色彩的事物。在与人们聊天或阅读文学作品时，我注意到管理者常常被视作“底层官僚”，他们专注内部事务，注重运营细节，控制和协调下属工作，周旋于办公室政治。[14]

不管准确与否，这是一个大众认可的说法。但是，这是一个非常狭隘的观点。并且这种认知也会反馈到职场，进而以一种消极的方式塑造管理实践。这就是我说“管理”这个词已经堕落的原因。

为什么会发生堕落？主要有以下两个原因。

大型工业企业占据了主导地位，它们的管理风格也自然而然地占据了主导地位

我们仔细翻阅商业史就会发现，人们今天为之工作的大型公司首次出现在约150年前。时间倒流至1850年，美国90%的男性或作为农民，或作为商人，或作为工匠，都是为自己工作。同一时期，英国最大的公司仅有300名雇员。[15]但是，工业革命点燃了一场工作和组织性质的巨变，19世纪后半期，磨坊、铁路、钢铁制造商和电子公司相继涌现。在弗雷德里克·泰勒（Frederick Taylor）、吉尔勃斯夫妇（Frank and Lilian Gilbreth）和亨利·法约尔这些管理先驱的带动下，这些公司形成了规范的结构和流程，以及我们仍沿用至今的层级控制体系，这些都推进了标准化产品高效、低成本生产。

诚然，这种工业管理模式获得了巨大的成功，并成为20世纪推动经济增长的关键驱动力之一。[16]但是，这对管理的概念产生了一种潜在的影响，因为它总是与大型工业企业中的等级制度、官僚体系紧密地联系在一起的。即使在今天，在许多人看来“管理”一词还是逃不脱等级、控制和规范化流程的阴影，而这些与管理的含义毫无关系。20世纪20年代，“管理”和“大型工业企业”便交织在一起，直到今天仍未分离。

如此狭隘的管理模式给我们带来了很多麻烦，主要有两个方面的原因。第一，它使我们对现有的多种管理模式视而不见。运动队、社区、救助组织甚至家庭，与大型工业企业的运作方式截然不同，这些运作方式在今天可能非常有用。

有趣的是，管理思想家玛丽·帕克·芙丽特（Mary Parker Follett）对授权和信任有着先见之明，这源于 20 世纪 20 年代她在波士顿担任社团组织者的工作。[17] 当同时代的其他学者都在研究大型企业时，她却专注于研究志愿者组织的管理。不出所料，她提出的一些新奇的观点在日后逐渐展现出影响力，并准确地指出管理存在于广泛的社会活动之中。我们需要更多像她一样的管理学者，去理解这些“另类”的背景。

第二，对管理的狭隘认知还会误导我们做出不当的假设，即大型工业企业天生就优于其他的组织形式。诚然，确实有一些工业化进程完美地诠释了规模经济和范围经济，但是如果我们认为规模化生产是工业组织唯一可行的生产模式，那么我们就会误解历史。查尔斯·萨贝尔（Charles Sabel）和乔纳森·蔡特林（Jonathan Zeitlin）曾发表过一篇轰动性的文章，题为《大规模生产的历史选择》（Historical Alternatives to Mass Production），[18] 文章中提到工业革命时期还存在其他可行的组织形式，包括多家独立公司组成的、在一个自治区域协同合作的同盟；还有通过家庭关系和交叉持股方式连接在一起的由中小企业形成的松散的结盟。这些模式通常集中在德国巴登—符腾堡州（Baden-Wurtemberg，Germany）和意大利艾米利亚·罗马涅（Emilia-Romagna）等“工业区”，它们在 19 世纪末期非常有效，甚至沿用至今。萨贝尔和蔡特林并未试图说明规模化生产把我们带入歧途。相反，他们为多元化据理力争，认为有必要认识到，除了等级森严的官僚体系，其他管理模式也具有重要的价值。历史的经验仍然能在今天引发强烈的共鸣。

强化领导力是以牺牲管理为代价的

管理的第二个冲击来自“领导力”作为一个研究领域不可阻挡的上升势头。一方面，经典的企业管理文献距今已逾 1 个世纪；另一方面，虽然有关企业领导力方面的著作萌芽于“二战”后，并在20世纪70年代蓬勃发展，但近期这类著作更多地出现在人们的眼前。今天，聚焦领导力的书籍远多于其他分支学科。虽然还有彼得·德鲁克和亨利·明茨伯格这些专注于管理本身的作家、学者，但是大部分图书已经完全依附于领导力。

很明显发生了什么。20世纪70年代，为了给晦涩难懂的领导力腾出空间，许多商业作家不惜削弱管理的地位。在这种观念的影响下，管理者都是消极、呆板、思想狭隘的，领导者则是颇有远见的变革推动者。这场领导力“变革”所带来的后果是可想而知的：人们对这种新颖、性感的思维方式热烈追捧，与此同时，管理倒退。我举例说明我想要表达的观点。几年前，3位英国学者——迈克尔·布罗克赫思特（Michael Brocklehurst）、克里斯·格雷（Chris Grey）和安迪·斯特迪（Andy Sturdy）要求他们的非全日制MBA学生描述自己的工作。没有人用“管理者”这个词，学生说自己不希望被这样一个“贬义词”打上标签。“我认为管理就等同于那些专横跋扈、不可靠、无力之人的胁迫之举”，其中一个学生说道。“管理者就是一个干涉别人工作的人”，另一个学生说道。[19]

我们来看看如何辨别领导力和管理。表1-1是约翰·科特和沃伦·本尼斯两位最具影响力的领导力大师的观点。科特认为，管理者就是负责计划、预算、组织和控制的人；领导者负责确定方向、管理变革和激励员工。本尼斯认为，管理者的职责只是提高效率、遵守规则和接受现状；领导者专注于改变规则和提高效能。无须多说，我认为这种两分法是不准确的，坦白地讲，这是鲁莽的。比如，为什么“激励员工”超出了管理者的职责范围？“正确地做事”和“做正确的事”虽然是一个有意思的文字游戏，但对于鉴别两者的区别一无是处。我们当然应该两者兼顾。

表 1–1　领导力与管理的对比[20]

	管理者的角色	领导者的角色
沃伦·本尼斯	关注效率	关注有效性
	接受现状	挑战现状
	正确地做事	做正确的事
约翰·科特	处理复杂局面	处理变化
	计划和预算	确定方面
	控制和解决问题	激励员工

科特和本尼斯都是聪明人，勤于思考的人做的正确的事要比错误的事多。他们从逻辑上完美地回应了我的批评，即，“领导者”和“管理者”是同一个人在不同时期扮演的两个角色。我可以在早晨以领导者的身份向我的团队宣布下一年的计划；到了下午，我又以管理者的身份完成季度预算。这样的说辞解释得通。但我坚持认为，以牺牲管理为代价来强化领导力的做法毫无意义，因为不管作为一种职业还是一个概念，对商业世界来说，管理都是极其重要的。我们应该寻找方法强化它，而不是削弱它。

这就是我对管理与领导力之争的看法。领导力是一个社会影响力的过程，它与一个人利用自己的个性、风格和行为来促使他人跟随自己有关。管理则是把人们聚集在一起完成既定目标的行为。为了使两者的区别更突出，或许有人会坚持领导力就是说什么和怎么说，管理则是做什么和怎么做。我不想落入这样的陷阱：以牺牲另一个为代价，让其中一个看起来很重要。我只想说管理和领导力是相辅相成的。

或者简单地讲，我们都需要成为领导者和管理者。我们需要通过我们的观点、言谈和行动去影响他人，也需要通过其他人完成每天的工作。

政治领袖是如何当选的？回顾一下英国最近的几次选举。通常，人们会根据候选人与他人沟通交流时表现出的领导才能（远见卓识和超凡魅力）进行投票。但是，一旦政客们当选，他们的首要任务必然是成为有效的管理者——他们必须兑现竞选时的承诺，解决相互竞争的议题，优先处理堆在他们办公桌上的各种问题。诚然，领导力仍然是工作的一部分，但“把事情做好”的能力才是我们判断政治领袖是否合格的根本标准。

综上所述：管理的概念随着岁月的流逝逐渐堕落，一部分归因于大型工业企业的成功及其独特的管理模式，另一部分归因于领导力的盛行，而后者的发展是以牺牲管理为代价的。为了扭转局面，我们首先要让管理走出这条死胡同。我们需要重新发掘“管理”这个词的原意并且提醒自己，领导力和管理是拉着同一辆马车的两匹马。

变革世界中的管理

写到这里，我描绘的画面多少有些黯淡，但是就目前情况来看，形势还会更加糟糕。如果商业世界还能像第一次世界大战后那般可预测且保持稳定，那么管理的失败或许就不会引发如此大的担忧。但是后来，许多事情发生了很大的变化。商业环境的巨变有证可查，虽然我们无须深究细节，但是它们值得总结。

- 我们经历了一个经济和政治变革的时期，其结果是一个更加一体化的世界经济，从前封闭的地区出现了新的市场，新的竞争对手涌现，其经营模式与我们常用的大相径庭。
- 我们还经历了信息和通信技术革命。“万维网”（World Wide Web）的出现，[21] 以前所未有的规模为我们提供了获得未知信息的入口。

- 我们也经历了许多社会变革。人们的寿命和职业生涯变长，但是人们更加忠诚于自己的职业身份而非为之效力的组织。他们寻求在工作中的参与度，而不仅仅是报酬。

这些趋势导致公司的经济逻辑发生根本性变化。在传统模式中，资本是稀缺资源，公司的战略任务是尽可能有效地将投入转化为产出。今天，知识是稀缺资源，公司的成功不单单依靠效率，还依靠创造力和创新力。

这些趋势也让管理的本质发生了变化。全球化竞争的到来使我们最熟悉、最传统的英美模式（Anglo-American）势必要与本国之外的文化相融。那些拥有生产资料的“知识工作者”已经改变了老板与员工之间的关系。互联网的发明使人们能够获取信息，并以一种前所未有的分散方式共同工作。

当然，由于每个人的世界观不同，这些趋势既可以是威胁，也可以是机遇。说是威胁，因为它们使我们比以往任何时刻都更难回到传统的管理模式中去；说是机遇，因为新的工作方式正在我们的眼前蓬勃兴起。

无论如何，再造管理势在必行。但是，随着这些技术、经济和社会变革的进行，这项工作变得日益紧迫。我们会在接下来的章节讨论这些话题，并展开它们对管理的影响。

再造管理

管理的未来如何？在面对种种挑战时，管理能否被重新打造成为更有效的经济增长推动力，并能更好地满足员工的需求？

有一种观点认为，管理不能被重新塑造

这里的论点可以概括如下：从根本上讲，管理是个人如何在一起工作的，社交关系的基本规则已经数百年未发生变化。虽然商业环境还将不断发展，但是，管理的根本原则（设定目标、协调发展、监督工作）永远都不会改变。例如，斯坦福大学教授哈罗·李维特（Harold Leavitt）的新书《自上而下》（*Top Down*）就提到了金字塔体系：

> 几个世纪以来，金字塔已经成为人类活动的结构。人们已经学会把自己罩在普通的外套下，只为在众生平等的文化背景下做生意，但是，你不要被愚弄了……金字塔体系保留了每一个大型人类组织的基本形态。[22]

包括亨利·明茨伯格和彼得·德鲁克在内的其他著名思想家也提出了类似的观点。明茨伯格在他获奖的著作《管理》（*Managing*）中写道，几十年来管理工作的本质几乎没有发生改变："随着时间的推移，管理者要应付各种各样的问题，但是，管理的方法并没有不同。管理工作丝毫没有变化。"[23]确实，有一个有趣的现象，绝大多数的重大管理创新都发生在1930年以前，如研发的工业化、规模化生产、去中心化、品牌管理、贴现现金流等。最近的几大创新，如六西格玛（Six Sigma）、平衡计分卡和流程再造，充其量不过是已有观点的边际改进，而非全新的观点。如果我们对这种观点进行拓展，我们可能得出这样的结论：管理的发展或多或少有些行将就木，套用弗朗西斯·福山（Francis Fukayama）的名言，就管理的进步而言，我们已经走到了"历史的终点"。

而实际上，我们并没有。当然，人类行为的基本法则将不会改变的论点是有一定道理的。但是，管理实践与环境变化有着非常紧密的联系，并且随着商业组

织属性的变化，管理也将随之发生变化。确实，一个大型组织总是需要某种类型的金字塔结构，但是那种金字塔结构的本质可能会发生巨大的变化。

我不敢苟同“管理无法再造”观点的另一个原因是，一定会有一种更好的方式来经营大型工业企业。本章的第一部分记录了迄今为止管理职能存在的一些问题，我认为我们不能自欺欺人地接受现在自认为已经很好的模式。

另一种观点认为，我们正处在创造一个全新的管理模式的风口浪尖上

这里的论点如下：正如我们所知道的，管理是为工业时代而生的，当时资本还是稀缺资源；而今天，知识是稀缺资源。企业获得优势不是因为高效的工作，而是驾驭了主动性和创造性。至关重要的是，信息技术革命正在使全新的工作方式成为可能。麻省理工学院教授汤姆·马龙（Tom Malone）清楚地说明了这一点。

> 我们正处在另一场变革的初期阶段……这场变革必然会导致我们对控制的理解发生进一步的转变。有史以来，技术第一次让我们享受到大型组织的经济效益，同时也未放弃只有小公司才具备的人员福利。这场变革已经开始。[24]

许多作家也提出了类似的观点。科技思想者霍华德·瑞格德（Howard Rheingold）注意到“与往常一样，（源于新技术的）影响最深远的变革将来自多种类型的关系、公司、团体和市场，它们为铺垫变革尽可能地打下了基础”。[25]《连线》（*Wired*）杂志编辑杰弗·豪（Jeff Howe）指出，互联网驱动的众包模式（crowdsourcing）“将会改变工作和创造力的本质”。[26] 再次强调，这一论点很有

说服力，当我们努力探寻互联网科技的潜在影响力时，我们都能体会到这一点。

问题是，我仍有一个长期挥之不去的担忧。所有围绕去中心化和赋能授权的论点已经被辩论了很久。1955 年，《财富》（*Fortune*）发表了一系列以“新管理”为标题的文章讨论了这些主题。从那时起，每一代管理学作家，包括彼得 · 德鲁克、加里 · 哈默尔、罗莎贝斯 · 莫斯 · 坎特（Rosabeth Moss Kanter）和苏曼德拉 · 戈沙尔（Sumantra Ghoshal）等杰出人士，都在为未来几年的革命性变革提出自己的观点。

哈佛大学教授罗伯特 · 艾克尔斯（Robert Eccles）和尼廷 · 罗利亚（Nitin Nohria）曾在《尘嚣之上》（*Beyond the Hype*）一书中写过一篇非常有深度的评论文章。在这篇创作于 1992 年的文章中，两人观察到在管理者中流传甚广的关于“新组织”的 5 个原则：①小点儿比大点儿好；②多样化少点比多点好；③竞争必然被合作取代；④正式权威必会被削弱；⑤时间周期必须缩短。不用说，这 5 个原则还要再流传 20 年。艾克尔斯和罗利亚反问道：“我们是不是（真的）正在从一个历史时代进入另一个时代，在这个时代，组织和工作正在发生根本性的巨变？”[27] 这在今天听起来依然是那么与时俱进。

这里还有第三条路可走吗？我们能找到一种切实有效的、能规避上述两种思想极端性的观点吗？我相信是有的。

我们无须两手一摊，说管理已经尽其所能地走到尽头了，因为这样一来，就相当于我们接受了管理失败这个事实，我们无能为力。我们也无须创造一个全新的管理模式——我们拥有大量源于理论和实践的观点及真知灼见指引着我们。

我们需要更全面地理解什么是真正的管理，才能做出更好的选择

回顾管理的基本定义——将人们组织到一起完成既定目标的行为，我们就能更加清晰地勾画出探讨管理行为和原则的框架。有了这个新的认识，我们可以帮

助管理者在已知的可能性范围内做出更好的选择，而不是建议他们创造一个之前未曾想过的东西。

为什么我们要假设所有重大决策都是由公司金字塔体系中顶端的人决定的？通常来讲，这确实是惯例，但是，金字塔底端或非金字塔上的人物有没有可能做出重大决策呢？答案是肯定的。实际上，已经有很多书围绕“群众的智慧”和“众包”展开探讨汇聚众人观点进而做出更优决策的方法。[28] 所以，未来所有决策都只由金字塔顶端的人做出的假设是错误的，众包将完全取代传统决策构架的假设也是错误的。

视情况而定的真相是如此平淡无奇——正确的模式取决于许多偶然事件，包括决策本身的性质、公司的规模和背景、员工兴趣和能力等。在下一章中，我们将探讨什么是管理模式，开发一个框架，概述管理的 4 个关键活动，以及管理每种活动的传统的代替原则。对你的公司来讲，正确的管理模式基于你在此框架内做出的最优选择。

本书的关键信息

在商业战略领域，经常有人认为成功之路有两种不同的但却互补的方式，即设定一个与众不同的战略定位，并有效执行一套特定战略。西南航空（Southwest Airlines）、戴尔电脑（Dell Computer）和宜家家居（IKEA）的成功正是因为它们都发展并捍卫了一个与众不同的战略定位。丰田（Toyota）、麦当劳（McDonalds）和乐购（Tesco）的成功是因为它们比同行更好地执行了自己普通的战略。[29]

同样的道理也适用于管理领域。你可以对将要采用的管理模式做一些与众不同的选择，你也可以雇用高素质的管理人员出色地完成工作。最终，这两种方式之间都无须权衡。业绩出众的公司通常在两个方面都能做到出类拔萃。但是，我要强调本书关注的是前者，即你如何在一个既定环境下选择最好的管理模式。当然，你的雇员素质以及他们完成工作的优劣也很重要，但这些问题是另一本书的主题。本书的重点是管理的总体结构，即我们对如何工作所做的选择。我们通过4个相互关联的步骤来做出选择（见图1-1）。

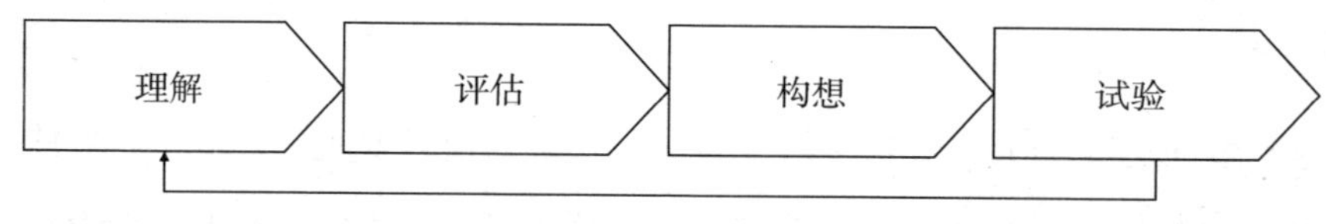

图1–1　做出明智选择的4个关键步骤

理解：你必须明确你经营公司所采用的管理原则。这些原则是无形的且只是潜意识层面的理解，但是它们驱动着管理工作完成的日常流程和实践。第2章构建了一个框架来阐明这些原则是什么，并提供了一个工具帮助你诊断企业的隐含选择。

评估：你需要评估公司的管理原则是否适用于当下所处的商业环境。无论你采用什么原则，都存在风险，所以你必须了解每种原则的优缺点，从而做出明智的选择。第3~6章将介绍4种重要的管理活动（协同活动、制定决策、设立目标和激励员工），讨论每一种活动的优缺点。第7章会提出一个综合的框架，全面地审视这些选择。

构想和试验：你需要做好准备尝试使用新的方法来巩固你的选择。如果你能找到有别于他人的工作方式，那么你的管理模式就能成为一种优势来源。因此，重要的是采取创新性的管理方法，构想新的工作方式并付诸实践。所以，第8章和第 9 章将重点放在你如何创新你的管理模式上，第 8 章将解决大型企业中层管理人员在执行变革时遇到的挑战，第 9 章则从首席执行官的角度讨论相同的问题。第 9 章的结尾会有一个循序渐进地引导管理创新的步骤。

回顾雷曼兄弟公司和通用汽车公司的案例

在我们继续深入讨论管理模式究竟为何物之前，不妨先花一点时间来回顾雷曼兄弟公司和通用汽车公司的案例。我认为雷曼兄弟公司的管理有几个致命的缺陷：缺乏某种更高层级的目标来引导或激励员工，以及不惜一切代价地追求外在奖励（金钱等），从而削弱了团队凝聚力、体制建设和员工的忠诚度。通用汽车公司则饱受官僚主义和管理流程烦冗之苦，并且错误地相信自己能掌控商业环境。其实，在每个案例中，这些特征的背后都隐含着对公司管理模式的观点，以及建立特定实践的指导原则。

这两家公司并不是别无选择。高盛集团的合伙人模式与雷曼兄弟公司采用的自由代理人模式（free-agent）有着完全不同的基本原则，高盛集团的模式显然更成功。在汽车行业，丰田公司立足于一套如何最大限度地发挥员工潜能的信念，这与三大汽车巨头有着天壤之别，但通用汽车公司未能将这些原则完全内化。事实上，通用汽车公司一直未能摆脱阿尔弗雷德·斯隆的影响。当谈及通用汽车公司长久以来的颓势时，彼得·德鲁克说道，“对通用汽车公司的高管而言，政策就是‘原则’，并且永远有效。”[30]

值得注意的是，这些公司犯下大错的两种方式明显不同：错误之一，这些高管下意识地（错误地）认为其所在的行业只有一种有效的管理方式，即他们一直使用的那种；错误之二，未能根据商业环境的变化调整管理模式，以至于早前的优势渐渐变为劣势。

误入歧途是件非常容易的事情。例如，10 年前，许多大型公司倡导“把外部市场引进来”，即利用类似市场的机制来克服官僚主义和等级制度带来的一系列的问题。这一建议针对的是像通用汽车这样的公司。它在壳牌（Shell）和其他公司都得以很好地实施，创建了类似风险投资的种子融资系统，如壳牌的“创意孵化器”计划（GameChanger）。

但是，对雷曼兄弟公司和其他投资银行来说，这是灾难性的，它们把自己置身于市场力量之中，终被摧毁。这对安然公司来说也是灾难性的。换句话讲，适用于大型石油公司的管理模式不一定适用于投资银行。更重要的是，正确的管理模式是决定性的！

第 1 章　要点

管理就是将人们组织在一起实现既定目标和目的的行为。遗憾的是，这些年来这个定义被破坏了，导致现在很多人把管理视为一种狭隘的且过于机械化的行为。其中主要有两个原因：第一，现在工业企业的发展使人们将大型公司的管理模式与普遍的管理模式画上等号；第二，领导力思想的流行是以牺牲管理为代价的，所以这些年来管理岗位的职责描述变得越来越狭隘，越来越没有吸引力。

2007—2008 年的国际金融危机既是政策、公司治理或金融监管体系的失败，也是管理的失败。雷曼兄弟公司倒闭的根本原因是选择了错误的管理模式，这种模式鼓励银行家为追求个人利益而不惜牺牲员工和股东的利益。通用汽车公司的轰然倒下是另一套完全不同的管理错误导致的，即遵守通用汽车公司制度的优先级高于应对市场需求做出改变。虽然根源完全不同，但两家公司的问题都表明：

大型公司必须把更多的注意力投入管理领域。

本书试图让管理重新成为焦点。本书的观点是，企业在考虑研发新产品和服务的同时，也应该投入同样多的时间来考虑改善它们的管理实践。这样的需求既受到我们现行管理模式缺陷的驱使，也受到 Web 2.0 技术带来的新机遇的激发。

目前有两种管理观点。一种观点认为，管理作为一门学科，本质上与以往一样；另一种观点认为，我们需要彻底地重新思考管理的基本原则。本书阐述了第三种观点：管理者越来越谨慎地做出决策，在未来遇到良机时会做出更明智的选择，并且还会注意到下行风险。

第2章

你的管理模式是什么

2

想象如下场景：你的公司处于一个低利润率且竞争激烈的行业。你的客户把你的产品视作普通商品，即使你的产品与著名品牌的产品并没有明显的差异，他们也愿意多付一些钱购买一个著名品牌（你的品牌不在其中）的产品。在这个行业中，技术创新的空间非常小，新的想法很快会被复制，员工流失率也很高。

你该如何竞争？怎样才能获得竞争优势？

有两家截然不同的公司：一家是拥有 40 名员工的快乐公司（Happy Ltd），另一家是拥有数万名员工的 HCL 科技公司（HCL Technologies）。它们都采取了新颖的方式来应对这种窘境，并决定在管理模式方面与众不同。

通过管理模式创新构建竞争优势

快乐公司是亨利·斯图尔特（Henry Stewart）在伦敦投资 300 万美元成立的一家 IT 培训公司。[1] 由于有过一次创业失败的经历，加之对人性的深入了解，斯图尔特在 20 世纪 90 年代就设想过创建一家伟大的、有着一套独特管理原则的公司。基本原理很简单：当人们自我感觉良好时，他们的工作效率就会更高。管理人员的晋升取决于他们的管理能力，如果员工觉得不合适，就可以更换管理人员。管理人员的职责是激励并支持自己的团队，而非凌驾于员工之上。新员工也从来不会被问到他们的资质如何，公司只考量他们的态度和潜力，以及对公司培训风格的反馈。公司鼓励犯错，所有重要项目都是预先批准的（比如，员工可以使用自己提出的解决方案，无须请示他们的上司）。

斯图尔特解释道："最根本的是，我们相信管理人员的晋升是由他们的管理水平决定的。在绝大多数情况下，管理人员的选任基于他们的技术竞争力和从业年限。因此，员工离开公司的最大一个原因是摆脱他们的管理者。"

斯图尔特的奇思妙想在英国 IT 培训市场表现如何呢？其客户满意度高达 98.7%，处于行业领先水平，客户满意度也是快乐公司最重要的单项考核指标，因为它引导了后续的业务发展。"我们的基本营销哲学是等待电话铃声响起，提供一流的服务"，斯图尔特说道。快乐公司培训课程的售价为 200 英镑 / 天，是同行几大竞争对手的两倍多。虽然整个行业的业绩在 2001—2007 年缩水 30%，但快乐公司的收入翻了一番。其员工流失率只有行业平均水平的一半，还有 2000 位求职者等待公司出现空缺职位。不出所料，在过去的 5 年里，快乐公司已登上英国 20 大最佳工作场所的榜单。该公司还被《今日管理》（*Management Today*）评为全英国最佳客户服务公司，被《金融时报》（*Financial Times*）评为最佳福利公司，被慈善组织社区商业（Business in the Community）评为对社会有着积极影响力的最佳小企业。[2]

HCL 科技公司（以下简称 HCL）是一家知名的印度 IT 服务公司。2010 年，该公司拥有 85 000 名员工，年收入 60 亿美元[3]（该公司旗下还有一家姐妹公司，HCL Infosystems）。维尼特 · 纳亚尔（Vineet Nayar）在公司任职 20 年后，于 2005 年当选公司总裁（之后担任首席执行官），他在执掌公司后面临各种困境。虽然 IT 服务市场规模一直在增长，但是客户的需求变得越来越复杂，供应商之间也没有实质性的差异。当时 HCL 只能算作印度 IT 行业的二线品牌，整个行业被 IBM、EDS 和埃森哲（Accenture）等巨头占据。

面对这种情况，纳亚尔看到 IT 服务已经变成一个商品市场。人人都宣称以客户为中心，但他认为真正能够提出解决方案的是员工。他认识到，员工在与客户互动时的所作所为才是这个行业的最大价值所在。“因此，从能力、执行力和参与度等角度衡量，员工的素质越高，在交互时创造的价值就越大”，他说道。

面对这样的机遇，HCL 的第一步便是不再美化公司。纳亚尔解释说：“我们当中的绝大多数人说的都是废话，他们只会告诉每个人我们的公司如何伟大。所以，我们提出一个庞大的概念，称之为‘墙上的魔镜’（Mirror, Mirror on the Wall），我们要去掉那些不好的东西。我在所有员工面前提出这个概念，并进行了一对一的交流。一种前所未有的能量得到了释放。诚实做事真的会获得回报。”

精灵飞出了阿拉丁神灯，纳亚尔启动了改变整个 HCL 关系网的进程，所做的每一件事都以“宠溺”员工为目标，给予他们信心和技能以实现最好的自己。这些创新具体如下。

- **反向问责**。公司对所有管理人员进行了一次 360° 全方位评估，并把结果公示在网上。大约有 1500 名管理人员接受了这次评估，纳亚尔认为这是一次巨大的成功。虽然调查与薪酬和晋升无关，但公示评估结果这一做法本身就足以引起管理人员的重视。
- **平行的层次结构**。在意识到“我们沉迷于等级制度给我们带来确定性的想法”时，纳亚尔想要打破“一个人说了算”的观念。因此，HCL 发起了一场“摧毁 CEO 办公室”的行动。他们创建了一个由 32 个利益共同体组成的平行金字塔体系，人们可以越过他们的层级进行合作并创造机会。3 年后，HCL 20% 的收入源于这些利益共同体提出的创意和措施。
- **保养**。把员工放在第一位，说起来容易，但如何证明呢？HCL 的答案是在管理部门与员工之间创建服务水平协议。对于所有抱怨，不管是一把坏了的椅子还是有争议的奖金，员工都可以在网站上出具一个服务票据（service ticket）并发送给相关部门。至关重要的是，只有这名员工才能判定事情是否已经得到解决，这样一来，就能够测量相关部门及人员的反应速度和时效，进而促使相关部门及人员有强烈的动机迅速解决问题。

通过一系列措施，HCL 传递出一个强有力的信号：创造价值的是一线员工，企业起到的是支持作用，而不是反过来的。

这些创新的结果是什么？相较于同行，HCL 的增长速度更快，员工流失率更低。2009 年，公司获得了英国《金融时报》颁发的商业新锐奖和休伊特（Hewitt）颁发的印度最佳雇主奖。2008—2011 年，公司年复合增长率为 24%，达到行业领先水平。纳亚尔解释说："过去 3 年，我们没有开拓新的市场；我们所做的一切都集中在员工身上。但是，我们比其他公司增长得更快。要么是我们极其幸运，要么就是我们做了正确的事。"[4]

快乐公司和 HCL 证实创新管理模式的力量。两家公司都做得很好，因为它们的领导者选择了创造性地思考该如何管理——既有基本的管理哲学，又有用来巩固这种哲学的具体措施。他们在如何处理构成管理核心活动的 4 个领域方面做出了许多清晰且不同寻常的选择。

- **协调活动的新方式。**HCL 采用了将员工与项目匹配的新方法，而不是从顶层分配项目。快乐公司的规模小到可以通过个人关系来协调活动，斯图尔特强烈抵制官僚主义。
- **制定决策的新方式。**斯图尔特"预先批准"所有投资请求，纳亚尔鼓励员工勇于承担责任，为客户提供有创造性的解决方案。在这两个案例中，两家公司都将决策权下放给了执行具体工作的员工。

- **界定目标的新方式。**快乐公司和 HCL 都明确表示“客户是第二位的”。员工满意度才是它们最关心的，其他所有事情都位居此后（我们会在第 5 章详细讨论）。
- **激励员工的新方式。**通过创造一个更具支持性的、更愉悦的工作环境，两家公司都在不断地寻找各种激发员工工作潜质的方法。

两家公司之间的相似之处固然重要，但是差别也很重要。请记住，只有 40 位员工的快乐公司仍由其创始人运营。斯图尔特抓住一切机会按照自己的想法管理他的公司。开发一种新的管理模式从来不是易事，但是至少斯图尔特有机会选择谁为他工作——那些和他拥有相同世界观的人。

纳亚尔则面临一项更艰巨的任务：他在接任 CEO 时必须说服顽固的管理团队和 55 000 名员工，告诉他们公司需要进行变革，这将有助于公司向前发展。

我们将在第 8 章和第 9 章详细探讨执行新的管理模式会遇到的挑战，但就目前而言，虽然在一家成熟的公司发展新的管理模式困难重重，但并非不可能。HCL 就是很好的佐证。

因此，重点在于，在一个竞争激烈的市场中，你的新产品和新服务很快会被竞争对手复制，你有哪些潜在的竞争优势？有证据表明，独特的商业模式能够产生长期效益。我相信一种新的管理模式也能做到这一点。在快乐公司和 HCL 的案例中，管理模式创新提高了员工的参与度，进而提升了客户满意度和财务绩效。但是，论据的重要性远大于此，管理模式创新还能使许多不同的战略措施发生明显的改进。例如，我们将在整本书中讨论以下问题

- 瑞士私人银行瑞银财富管理公司（UBS Wealth Management）在 2001 年取

消了传统的预算制度，以推动公司的有机增长。

- 丹麦助听器生产商奥迪康（Oticon）在20世纪90年代创建了一个基于项目的意面式组织结构（spaghetti organization），以实现更高层次的战略灵活性。
- 荷兰数字电视公司爱迪德（Irdeto）在2006年创建了一个双核总部，在整个组织中建立了一个全球策略中心。
- 20世纪90年代，英国石油公司BP为了鼓励跨部门合作，建立了一套同行审查制度。

在这些案例中，管理人员旨在实现重要的战略目标（有机增长、灵活性、创新、全球布局、合作），并认为管理模式创新（取消预算、意面式组织结构、双核总部、同行评审）是影响变革的机制。有时，这些创新具有持久的价值；有时，它们的影响力只是暂时的。但总的来说，中心思想是公司管理模式的转变能够产生战略效益。

那么，究竟什么是管理模式，以及如何利用它来创造竞争优势？我们将在下文讨论这些问题。

何谓管理模式

互联网革命使管理词典中出现了一个永久性的改变，即“商业模式”——公司如何赚钱。这个概念已经存在数十年，但是作为一种思考收入来源、成本结构和生产/购买选择等基本决策时的方法，截然不同的“新”“旧”公司之间的竞争帮助证明了商业模式的重要性。

在后网络时代，企业不断试验新的商业模式，并取得了些许成效。但是，坦白地讲，很难有新的商业模式出现，并且不像过去那样很容易被辨析。因此，企业很看重新的竞争优势，它们一直在寻找长久的、难以被复制的且有价值的差异来源。

正如快乐公司和 HCL 的经历所暗示的那样，一种新兴而有趣的可能性是，一家企业的管理模式可以成为一种优势的来源。事实上，“你的管理模式是什么”与“你的商业模式是什么”这两个问题同等重要。彼得·德鲁克曾说到一个组织的商业模式（用他的话来说就是“商业理论”）由 3 个部分组成：有关组织环境的假设，组织的特殊使命和实现这个使命所需的核心竞争力。[5] 这 3 个部分合在一起就能确定一个企业会取得什么样的成绩，什么样的结果是有意义的，以及必须擅长什么才能保持其竞争地位。但是，知道这 3 个问题的答案只答对了一半：这些只是商业模式“是什么”和“为什么”有意义的答案。另一半（你的管理模式）回答了“如何做”这个同样重要的问题。

究竟什么是管理模式？我这里给出一个正式的定义。

> 管理模式是指企业高管就如何设立目标、采取激励措施、协调活动和配置资源做出的选择，即管理工作应如何履行。

这个定义有两个重要特征。首先，它关乎做出选择。航空业存在几种共存的商业模式（全方位服务、全航线的国家航空公司；低成本的、点对点定期运营的航空公司；旺季包机的航空公司和只有商务机的航空公司），每家公司必须明确地选择采用何种商业模式。同样，一些行业已经形成管理模式竞争的特点。Linux、谷歌（Google）和微软（Microsoft）都有截然不同的管理模式（Linux 通过一个开源软件社区运营；谷歌采取的是一个高度非规范化的、类大学的模式；

微软拥有一个更传统的、层级分明的结构），但是它们在电脑桌面操作系统方面的竞争非常激烈。数年来，尽管商业模式非常相似，丰田公司执行的管理模式与通用汽车公司和福特公司的都不同。[6]当然，快乐公司和 HCL 都是在各自行业发展与众不同管理模式的成功例子。

这个定义的第二个特征是管理学有着 4 个特定的维度。管理者必须决定他们的公司（或部门）将走向何处（设立目标），并且必须说服员工同意往这个方向发展（激励措施）。他们还要考虑采取何种手段进行横向（协调活动）和纵向（制定决策）的管理。

这是一张全面的管理活动清单吗？不是的。实际上，许多管理类著作的作者已经列出了他们的清单，通常都更长。表 2-1 列出了包括亨利·法约尔、彼得·德鲁克和亨利·明茨伯格在内的一些著名作家的清单。

表 2–1　管理活动的 4 种观点

管理学作家	管理活动
亨利·法约尔	预见（预测和计划）、组织、命令、控制
卢瑟·古利克和林德尔·厄威克	计划、组织、人事、指导、协调、报告、预算
彼得·德鲁克	设立目标，组织，激励和沟通，考核，发展
亨利·明茨伯格	搭建框架和时间进度，沟通和控制，领导和联系，做事和处理

将他们的活动清单与我的做对比，你会发现有许多重合之处，并且很显然，我选择把某些活动“混合在一起”，而将另外一些“拆分”。但是，一个更重要的区别是，我尝试使用的术语并没有假定所有管理活动都发生在大型的、等级森严的公司中。正如我在第 1 章中明确指出的，术语管理的一个问题是它的使用范围已经变得过于狭隘。因此，诸如“人事”“控制”和“指导”等词都传递了完全错误的信号，因为它们假定了一个特殊的模式。管理者需要控制和指导他们的员

工吗？或者我们能否设想一种可替代的模式，员工可以控制自己的活动，并决定工作走向。我认为我们应该尽可能地用一种中立的方式定义管理的维度，如此一来，它们对交响乐团和汽车工厂都具有相同的关联性。

因此，在我的定义中，管理具有 4 个关键活动或维度。它们都是“增值”活动，合在一起便能助力企业实现其目标。它们在概念上是相互独立的，并为接下来的 4 章内容搭建了结构。

有两处遗漏值得提及。第一，我未把“控制”（或“监督”）作为一项独立的活动，因为在我看来，它贯穿于所有 4 个活动，而且，老大哥式的腔调可能不再适合现代企业。第二，我未把“人员发展”列为一项独立的活动。显然，作为一名商学院教授，我认为培养人才是极其重要的，但是在本书特定的观点中，培养人才符合“激励措施”范畴，不用把它单独分出来。

组织框架：4 个维度，8 个原则

不管是作为本书的组织结构，还是作为管理者的实践指南，为了发挥这个定义的用途，我们还需要增加一层复杂性，即把实践、流程和原则整合在一起的框架。

公司的日常工作可以被认为是管理实践。常见的实践包括 360° 反馈系统、质量周期和场景规划。这些实践有时对所有公司来说都是通行的，有时对单个公司来说又是独一无二的。[8]

组织把这些实践联系到一起就组成了一套管理流程。典型的例子有资源配置流程、绩效管理流程和新产品开发流程等。这些流程是企业实现其所有目标的机制。它们通过确保商业流程（例如，供给、生产、完成订单等将投入变成产出的流程）有效且高效地运行，间接地增加了价值。

最终，管理流程就有了一套基本的管理原则作为基础。原则就是关于某件事如何或者应该怎样运作的假设或信念。例如，一条令人深信不疑的管理原则就是外部激励，即员工需要物质上的且直接的奖励来确保他们一直努力工作。潜意识里，管理原则通常是难以撼动的，很少受到挑战。但是，它们是极其重要的，因为它们塑造了日常使用的管理流程和实践。正如你现在应该了解到的，本书的一个关键主题就是帮助企业加强它们对正在使用的管理原则的认识。

这里很有必要引入冰山这一隐喻。实践是清晰可见的，每天都在做。流程藏于水面之下，我们不去仔细观察是看不到它的，但它能被组织的"建筑者"很好地理解。原则深藏于水面之下，没有人能看见它，甚至许多人都不知道它的存在。

这里有一个简单的例子：投资银行惯用并滥用的奖金制度就是一种管理实践，它属于一套范围更广的绩效管理流程，旨在从员工身上获取最大的利益。这种操作基于一种被称作"**期望理论**"（expectancy theory）的学术理论，该理论试图解释什么能够激励员工更努力地工作。显然，绝大多数管理者没有理解期望理论，我们也没指望他们能理解。但是，这一理论是切实存在的，加之还有许多其他晦涩的理论，从而影响了我们对具体流程和实践的设计。

在接下来 4 章的内容中，我们会依次讨论管理的 4 个维度，并且针对每个维度会考虑两种存在分歧的原则。第一个要考虑的原则或许就是企业已经暗中运用了多年的传统原则。第二个是刚开始采用的，或者已经讨论了很长时间但未被广泛使用的可替代的原则。图 2-1 简单概括了这些维度和原则。不可否认，其中一些词，尤其是"**迂回性**"（obliquity）可能过于复杂。此处重要的是整个结构的意义，我会在接下来的章节详细阐述其具体细节。图 2-1 生动地描绘了这个框架，表 2-2 则对这些术语给出了直接的定义。

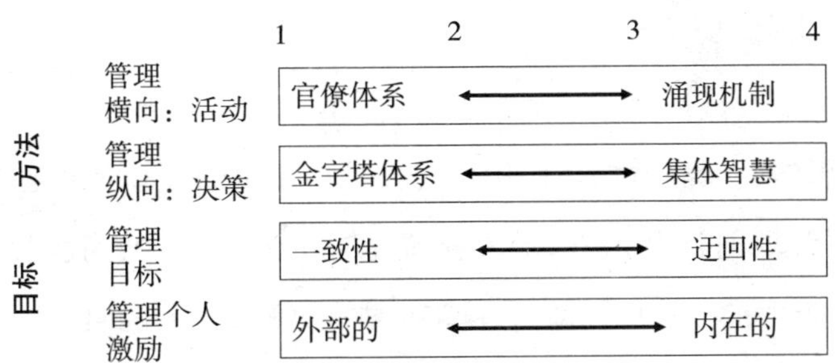

图 2-1　管理的 4 个维度

表 2-2　一些管理原则的定义

官僚体系是指一种协调经济活动的手段，它依赖于正式的规章制度和程序，从而确保行为活动的一致性并有持续的产出	**涌现机制**是指通过个人的利己行为而自发形成的协调活动
金字塔体系是一种组织工作的方式，赋予了管理者对下属拥有的合法权利，因为这是他们经验和智慧的价值所在	**集体智慧**是指在某些特定条件下，一大群人利用专业知识和技能能够做出比几个专家更精确的预测和更好的决策
商业背景中所说的**一致性原则**是指所有员工的工作都有着相同的目标	**迂回原则**是指间接追求的目标通常会实现得最好
外部激励来源于人之外，比如金钱，以及被迫和惩罚的威胁	**内在激励**来源于与某项任务或活动本身有关的奖励，比如弹钢琴、乡间散步或解谜

现在，这个框架引发了几个问题。首先，它是否表明，随着时间的推移，未来会势不可当地朝右边发展，或者说转向那些有着诱人名字的、另类的管理原则？其次，如果竞争优势与选择一个独特的管理模式有关，那么会不会有应该采用何种管理原则的建议？有时候选择往左是否比往右更合理？你需要把这些原则联系来吗？

稍后我们会回答这些问题。但是现在，我们需要暂时偏题，回顾一下过去几年管理学思想和实践的发展路径。

和以前一样吗

管理思想的创新有着悠久的历史。在早年出版的《追求卓越：150 年来最伟大的 50 项管理创新史》(*Giant Steps in Management*）中，我记录了过去 150 年间 50 个最重要的“管理创新”，莫洛·吉伦（Mauro Guilen)、丹尼尔·雷恩（Daniel Wren）和埃里克·亚伯拉罕森（Eric Abrahamson）等作家都提供了有趣的观点。但是，正如在第 1 章中所写的，管理学的发展并非一帆风顺，我们没有看到一个合乎逻辑的、顺利的新管理实践的发展。相反，我们看到的是各种管理思想的流行或过时（参见专栏 2-1)。例如，在撰写本书期间，“员工敬业度”（employee engagement）这一诱人的概念在世界各地的公司和咨询机构中都是一个热门概念。从本质上讲，员工敬业度关注的是使工作更令员工满意，而少一些机械化。毋庸置疑，这是一个很重要的观点，但是又有多少新意呢？简而言之，这一点也不新鲜。过去 150 年，每一个时代都有自己的口号来追逐同一个目标，即让工作变得更加愉悦，少一些机械化：20 世纪 90 年代初的口号是“赋权”；70 年代是“工作生活品质”；60 年代是“社会技术系统”(Socio Technical Systems）思维；30 年代是“人际关系运动”；19 世纪 90 年代则是“工作福利运动”(Welfare Work Movement)。

专栏 2-1

Ozco 的管理创新

Ozco 是一家大型的开采和加工公司。20 世纪 80 年代初，Ozco 的高管采纳了学术顾问埃里奥特·杰奎斯（Elliot Jaques）的建议。杰奎斯拥有令人钦佩的学术背景。他最著名的研究是：在一个金字塔体系的组织里，层级越高的人视野越开阔，并且能够处理更复杂的问题。这一研究被称为分层系统思维（Stratified Systems Thinking，SST），虽然它已被广泛接受，但也不是没有争议，因为它重申了金字塔体系的重要性。

Ozco 拥护杰奎斯的观点，并且启动了一个系统性的项目把这些观点与公司的结构和管理融合在一起。这一项目包括：调查每位员工，分析他们的答案，对新的岗位描述采用新的结构，并重新思考培训和开发。这种做法持续了几年，许多人感到 SST 为搭建公司架构提供了一个清晰且合理的方式。

但是大约 5 年后，SST 失宠了。Ozco 与另一家公司合并，合并后的新公司并未采纳 SST。10 年过去了，这一思想的沉淀物还在，一些高管仍在使用 SST 的术语，并对其提供的结构清晰性进行反思，但是，Ozco 已经前进了，现在采纳了其他的管理思想。

为什么 SST 失去了动力？经历了整个过程的人发表了自己的看法。

- 付出的回报日渐减少：在启动 SST 5 年后，主要利益已经实现，不值得进行任何额外的投资。
- 其他优先事务：虽然 SST 还有价值，但并购等其他事务插队了，转移了我们的注意力。
- 对流行事物的质疑：一些人把 SST 视作一种个人的征程，他们的热情近乎狂热。这对其他人产生了相反的影响，他们的兴趣很快就消退了。
- 老套乏味：SST 一度很有价值，但早期金字塔体系方面的信息已经过时。当它不再符合时代精神时，就被遗弃了。

许多读者会认识到这些问题，并且将经历类似的组织变革周期。从怀疑论的角度来看，这是管理创新失败的另一个例子，因为它未能持续下去。但是，结果比想象的更好。变革项目确实在很多重要方面帮助了 Ozco，它帮助公司改进并优化了管理模式。但是，之后 SST 被弃的事实并不能说明这个项目失败了。管理的发展进步通常就是“前进两步，后退一步”。

那么，我们是在管理学领域取得真正的进步，还是在原地踏步？这两种极端的说法似乎都有道理，但是绝大多数观察人士对管理实践如此缓慢的变革感到沮丧。[10]因此，有必要提出这样一个问题：为什么我们在管理实践中很少看到真正的改进？以下是我列出的 4 个答案，它们有助于从整体上解释正在发生的事情。

- **根深蒂固的想法难以被打破。**管理学从产生到现在已有上百年的历史了，其根基是工业时代制造业的实践和军事效仿的结合。因此，我们会讨论指挥链、直线与幕僚，以及上级和下属。这些术语反映了我们如何看待我们的工作，工作又反过来影响我们的行为。因此，如同鱼不知道水的存在，绝大多数员工对一个非金字塔体系的、非结构化的工作环境没有概念。
- **新的管理实践脆弱不堪。**许多公司都曾试验过可替代的工作方式，它们的经验是只有投入巨大的精力去维护新的模式，它才能发挥作用。例如，英国飞机引擎制造商劳斯莱斯（Rolls-Royce）就曾是自我导向型管理方式的先驱。研究显示，这些自我导向型管理团队必须部署 49 道工作程序才能有效运转，如果有所缺失，就会退回到之前老旧的指挥和控制结构。换句话说，阻碍人们前进的不只是过时的观点，而是一个事实，即新的管理模式不能自然而然地让人产生行为上的变化。
- **公司对结果的兴趣胜于实践的改进。**在《尘嚣之上》中，罗伯特·艾克里斯和尼廷·罗利亚说道，公司是否真正兑现新管理模式的承诺并不重要，重要的是，变革的口号能够激发员工付诸行动。例如，我们在专栏 2-1 中讨论的 Ozco 试验 SST 的案例，分配工作和任务的方式确实出现了有意义的变革，并且这些变革被关注到。根据这一观点，它们是否在公司的管理实践中得到明显的、持久的改善并不重要。

- **困难时期，公司害怕尝试新事物。**在撰写本书时，绝大多数英国公司仍在面对萎缩的经济、不确定的需求和增税预期这一现实。我们都熟悉“永远不要浪费一场好危机”这句话，意思是危机正是推动那些在好光景时期不被接受的变革的好时机。但实际上，人的天性反而助推我们走向相反的方向：我们严正以待，却又退回经证实能使事情处于控制之中的方法。当然也会有例外，正如我们将在本书中看到的那样，在经济形势不好时，绝大多数英国公司的高管对尝试新的管理方式毫无热情。
- **外部监管使我们倒退。**最后，即使有英国公司的高管鼓起勇气尝试一些新事物，他们也总是会失去付诸行动的自由。2008 年国际金融危机的影响挥之不去，英国的上市公司必然要面对一个监管更严、外部审查范围更广的未来。不言而喻，这些额外的制衡会令英国公司的决策更加保守，更以过程为导向，并且还有来自英国政府更严格的控制。

换句话说，随着时间的推移，管理系统内部已经出现了巨大的惰性。这种惰性部分源于根深蒂固的行为和过时的做法，部分源于缺乏强有力的证据证明替代模式更优越。计算机技术人员可以利用客观数据证明，一种新的微处理器的速度是老处理器的两倍。虽然有一些指标得到了改善，如员工流失率下降、效率提升、生产力扩大等，但是 Ozco 分层系统思维的拥护者（参见专栏 2-1）并不能决断地说明新的管理模式优于旧的管理模式。与技术界相比，管理界在解释和主观评估方面的空间更大。

讨论这个问题，只是为了突出一个要点：现有的管理实践不会很快地或轻易地改变。曾经不会，我们也不指望未来会。由爱德华兹·戴明（W. Edwards Deming）提出的并由丰田执行的“**全面质量管理**”（Total Quality Management）实际上也经历了10年的变革过程。无论如何，在管理领域，现在回想起来是一场变革的事情，在当时感觉是一场进化。

有没有一个机遇之窗帮助公司发展新的管理模式？当前的商业环境是否有助于克服所有的惰性？有没有什么能使我们开发新的管理模式的建议更容易一些？答案是肯定的。稍早时候，我们看到商业环境有一些大的变化。我们进一步看看以下4种特定的技术和社会变革，它们为发展创新型的新管理模式提供了机遇之窗。

- **Web 2.0** 。第一代互联网是单向沟通的：用户可以浏览公司网站，并在线购物。到了第二代互联网，即众所周知的Web 2.0，用户可以成为内容贡献者：可以在亚马逊购物网站（Amazon）上发表评论、开始写博客、为我们喜欢的故事投票、注册成为网络社群的成员。正如许多作者观察到的，交互式网络或者“万维网”允许人们以一种全新的方式互动。例如，我们通常会根据博客内容的真实性评估博客和评论，而非博客作者的地位或阶层。与生俱来的参与感激励着我们为“联合计划”（如维基百科等）做出贡献，而非为了获得物质奖励。并且，如果我们不喜欢某个故事的官方版本，就可以迅速与全世界分享我们与之相反的观点。[11] 这些行为与绝大多数大型公司的规范背道而驰，不难想象，它们拥有激发我们对自身管理进行重大变革的潜力。
- **Y世代**。出生于1980年之后的这一代人正在大量进入劳动力市场，与X世代和婴儿潮的前辈们相比，他们对工作拥有不同的期望和技能。科技作家唐·泰普斯科特（Don Tapscott）概括了这个群体的分化特征：他们希望在做任何事情时都拥有自由；他们喜欢定制化和个性化的事物；他们是建立合作和关系的一代；他们对速度有要求。[12] 当然，这些特征是人生阶段的特点还是一代人的特点仍存在争议。但是，绝大多数持怀疑态度的观察人士承认，与婴儿潮时期的前辈相比，Y 世代更精通技术且能够同时处理多项任务。另外，这对未来工作场所的潜在影响也是巨大的。

- 这里有一组相关数据：根据英国弹性福利提供商 You at Work 的一项研究，Y 世代员工虽然对所效力的公司更忠诚，但在工作时间浏览 Facebook 和其他社交网站的时间也更多。13 正如 You at Work 首席执行官布鲁斯·雷纳（Bruce Rayner）所言，“对这些人来说，工作和娱乐，或员工和非员工之间，没有界限。”这是一个很重要的洞见，从至今仍禁止在工作时间使用 Facebook 的公司数量判断，还有许多公司未认识到这一点。
- **网络游戏**。电子游戏产业的规模之大，令人惊愕。根据一项估测，目前有超过 1.5 亿日常游戏玩家，他们至少拥有一台个人电脑、手机或游戏机。[14] 但是，更重要的趋势可能是像《魔兽世界》（*World of Warcraft*）这样的大型多人在线角色扮演游戏的兴起。这些游戏要求玩家加入 2~40 人的虚拟团队，分派角色和职责，并协商一致、共同执行某个策略以完成一项特定的任务。网络游戏与工作的类比是显而易见且非常真实的，正如我们将在第 6 章要讨论的，有一些公司已经在进行“生产力游戏”试验，以此作为更有效地完成传统工作的一种方式。顺便提一下，《魔兽世界》有大约 900 万注册用户，通常每名用户每月支付 15 美元，这还只是众多大型多人在线角色扮演游戏中的一款，可以说网络游戏是一个庞大的产业。
- **社会意识**。最后，有一种更广泛却不失真实的趋势，即提高环境意识和社会意识。许多非政府组织（Non Governmental Organizations，NGO）的出现就是证明。如绿色和平组织（Greenpeace）等，这些组织每年都会在 G8

会议上提出抗议，声称大企业接受全球变暖事实和所谓社会企业组织的增多都是受社会使命而非利润的驱使。Y世代员工的一个典型特征是，在决定买什么和在哪儿工作时，他们对公司的诚信和开放性更感兴趣，这在很大程度上是因为他们生长在一个环境和全球化意识受到前所未有的关注的世界里。从管理的角度来讲，这种趋势的影响不那么明显，但或许意义非凡。在第5章中，我们将探讨管理者如何为他们的公司设立目标（例如，第七世代公司的首要目标就是让世界变得更美好），以及为实现这个目标各个利益相关方所扮演的角色。

我们必须在这方面把握好分寸，我们正处在一个巨大变革的时代吗？是的。之前几代也处在巨变时期吗？是的。所以，我们必须警惕正在发生的变化，同时也不要被这些变化吓倒。

随波逐流还是坚持己见

尽管在科技进步和社会变革的推动下，企业有机会对其管理模式进行重大改进，但现实是，管理模式通常不会发展得很快。因此，明智的做法是，企业选择正确的管理模式，而不是为了自身利益追求新创意。

咱们打开天窗说亮话吧。我是一个乐观主义者，我喜欢改变。我相信高管们应该会问“我们能有更好的方式来做这件事吗”，而不是思考“这就是我们总是这么做的原因”，或者“这是新的趋势，我们也跟着做吧”。我相信，当下的科技进步和社会变革将会对我们管理组织的方式产生重要且积极的影响。

但是，我们面临一个真正的风险，即企业为了自身利益而追求新创意。每一个编入管理学文献的新概念最初都是以一种典范转移、改变世界的发现而展现的。之后，人们逐渐了解了它的不足之处，并指出其有效使用的局限性。例如，维基百科的巨大成功激起许多公司尝试自己的社区形态产品的兴趣。有一些公司成功了，如免版税的图片网站 istockphoto；有一些取得了些许成效，如我们将在第 4 章深入讨论的 IMB 的创新大讨论（Innovation Jam）；有一些彻底失败了，比如曾试图编写维基小说的百万企鹅（A Million Penguins）。当然，我们无法预知哪些有效，哪些无效（这就是试验的目的），但是，在“一个特殊概念的应用范围应该有多广”这一问题上，我们需要评论家和理论家更全面、更诚实的意见。

因此，本书的态度是有条件的乐观主义。所以，当我们探讨框架右侧出现的管理原则以及与之相关的具体实践时，我们认真研究了运用这些原则的风险和局限性。事实是，这些新的实践并非适用于每一家公司，对公司适合采用哪些类型、不适合采用哪些类型了解得越清楚，效果就越好。

总之，我预计许多公司将会逐渐向图 2-1 的右侧倾斜。我确实做过一项简单的调查，受访者的回答验证了这一观点：他们对从现在起 5 年后将走向何处的预测与他们今天所在的位置一致（见图 2-2）。同样，接受调查的一些公司认为不会有任何变化，也有一些公司不会改变它们现在的预测。

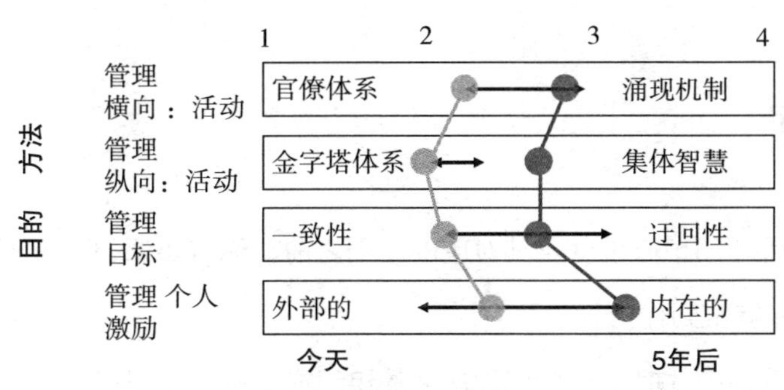

图 2-2 人们如何看待管理模式的变迁

一个有趣的案例强调了这个观点。加里·哈默尔曾在 1999 年发表过一篇轰动一时的文章，题为《将硅谷精神带进企业内部》(*Bringing Silicon Valley Inside*)[15]。他认为，绝大多数大公司的管理结构受中央规划模式的影响大于自由市场原则的影响，我们应该发展硅谷式的内部市场，根据想法配置人力和资本。许多公司认同并实践了这一观点，其中一些公司还取得了相当大的成功。例如，哈默尔在文章中提到壳牌的“创意孵化器”计划，其在为能源行业中有着“改变游戏规则”潜力的创新科技项目提供资金方面取得了巨大成功（我们将在第 3 章中详细讨论）。但是，安然公司采用了这个模式的不同版本，即给予员工很大的自由在公司的“内部市场”寻求机遇和职位，但结果是灾难性的。

让我们思考一下，硅谷式管理模式处在图 2-2 的哪个位置。一个纯粹的市场体系是建立在物质奖励和短期目标基础上的（两者都在图的左侧），再加上自发协调和分权决策（两者都在图的右侧），突然之间，情况变得更加复杂：硅谷式管理模式把左侧和右侧的原则混在了一起，虽然壳牌执行得不错（至少目前如此），但却摧毁了安然公司（运用过度）。我们将在后文回顾并探讨这些内容。此刻，我们只需要理解向上述框架右侧转变的趋势是不可阻挡的，也没有一个管理模式完全适用。胜者将会是那些做出明智选择并在需要时加以改良的公司。

轮到你了

在审视管理的核心维度及其对应的原则之前，你需要评估一下现在的管理模式。表 2-3 能够帮到你。

在评估管理模式时，你要把你所在的组织或者商务部门视作一个整体。是左边的陈述还是右边的陈述能更好地描述你的公司管理方式的特点？在你的公司试图同时实现左右两边的情况下，请指出（在框 2 或框 3 中打钩）当前更普遍的一面，取每一组答案的平均值，并标注于图 2-3 中。图 2-3 的平均水平是指在 2007 年进行的一项调查中，70 多家公司的平均得分。

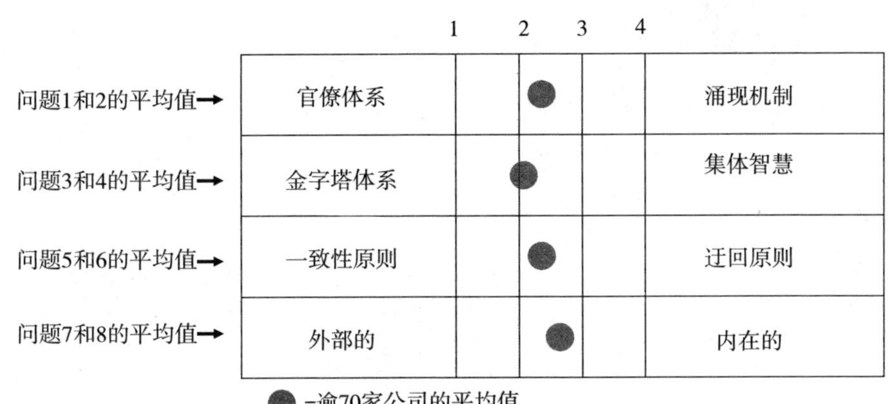

图 2-3　描绘你现行的管理模式

表 2-3　评估你现行的管理模式

	1 强烈认同左侧内容	2 稍稍认同左侧内容	3 稍稍认同右侧内容	4 强烈认同右侧内容	
1. 产出是通过管理流程创造的，例如制度化的投入协调和措施结构化					产出是通过相互调整来实现的，如个人出于自身利益最大化而做出的非制度上的、自发的合作
2. 我们默认的假设是有关内部流程的信息（如预算数字，达到的服务水平等）是保密的，只有必要时才公开					我们的默认假设是有关内部流程的信息是可获知的，且可供所有员工人查看

（续表）

	1	2	3	4	
	强烈认同左侧内容	稍稍认同左侧内容	稍稍认同右侧内容	强烈认同右侧内容	
3. 决策（和承担结果）的职责分配到具体的个人					决策（和承担结果）的职责被视为整个团队的责任
4. 管理人员在处理问题时偏好依赖自己的经验和知识					管理人员偏好获取并利用他们下属和公司之外的不同知识
5. 喜好狭隘且明确的目标					喜好广泛的且时而不明确的目标
6. 担心短期结果与目标（季度 / 年度）背离					担心长期结果与目标（几十年 / 代）不符
7. 通过吸引人的薪酬、福利和奖励来招聘优秀人才					通过感受到的成就感和对社会的贡献来招聘优秀人才
8. 人们工作时间长是因为渴望晋升和 / 或获得更丰厚的奖金					人们工作时间长是因为他们在享受工作

第 2 章　要点

企业竞争优势的一个持久来源是开发一套独特的商业模式，即管理人员就其收入来源、成本结构和生产 / 购买做出的选择。同样有前景的做法是开发一套独特的管理模式，即做好管理工作的详细选择，包括 HCL 和快乐公司在内的一些公司已经通过对工作方式进行主动且深思熟虑的改造，并取得了令人瞩目的成果。

管理原则包括 4 种活动或维度：设立目标、激励员工、协调活动和制定决策。对每一个维度来说，都可能存在一个使其运作的传统原则（例如通过层级控制制定决策）和一个日渐流行的替代原则（例如，通过一大群人的集体智慧制定决策）。至于如何鉴别每个维度的传统原则与替代原则，我们给出了一个帮你诊断公司管理模式的框架。这样一来，你就可以了解你在过去就如何管理公司做过哪些潜意识的选择。一旦理解了自己的管理原则，就有望基于这些原则对管理流程和实践做出改变。

管理实践不会有非常快的改变。根深蒂固的习惯难以改变，新的工作实践又脆弱不堪。但是，受到 Web 2.0 兴起和越来越多 Y 世代成为劳动力大军的驱动，我们有机会对管理实践做出比最近几十年更大的改变。

这一章为本书余下的章节提供了框架，接下来的 4 章将依次讨论每个维度，第 7 章则将这 4 个维度结合在一起，从而得出 4 个通用的管理模式。

第 3 章

协调活动：从官僚体系到涌现机制

3

德拉赫滕（Drachten）不是那种能吸引很多游客的小镇。它位于荷兰北部，一直默默无闻，直到近代才因为其运河、泥炭的农业应用和电子产品生产商飞利浦（Philips）而被世人所知。但是，2000 年之后，这座小镇启动了一项备受瞩目的交通工程试验，吸引了来自世界各地的游客。这些游客不仅有城市规划者，还有新闻记者、社会学家和管理咨询顾问，他们都对德拉赫滕启动的这项试验具有的广泛意义产生了兴趣。

汉斯·蒙德曼（Hans Monderman）是首位提出**"共享空间"**（Shared Space）概念的人，他是一位有着逆向思维的荷兰交通工程师。他的观点很简单：若要道路更安全，就必须让它们更危险。他认为，交通体系被各种各样的信号和标志充斥而变得拥挤不堪，以至于人们停止了思考——他们不再寻求与其他道路使用者互动的最佳方法。蒙德曼说："（绝大多数）交通工程师遇到的麻烦是，当道路出现问题时，他们总是试图增加某些东西来解决问题。但在我看来，移除一些东西的效果会更好。"[1]

蒙德曼说服当地交通委员会尝试他想出的不同寻常的方法。这个方案于 2000 年动工，核心部分是改造德拉赫滕主要的交通十字路口——Laweiplein 广场。一个安装有交通指示灯且轿车、自行车和行人各行其道的传统交通信号指示系统被拆除，在这个十字路口，他们重新修建了一个非常漂亮的、中间有环岛的广场。道路标识、自行车道甚至人行横道都被取消，取而代之的是一片草地，路面上少得不能再少的几条白线，以及路边的一排喷泉。这个方案旨在“促进所有道路使用者之间的沟通和交流”，它既是实现道路安全通畅目标的手段，又是提升空间分布目标的手段”。[2]

这些改变的结果是什么？2007 年 1 月发布的一份官方报告对此给予了很高的评价：交道流量相对稳定，从而促进了所有使用者的动态交互；行人和骑自行车的人在通过十字路口时没有长时间的等待；交通安全环境似乎有所改善。虽然汉斯·蒙德曼已于 2008 年去世，但对汉斯·蒙德曼来说，这是对他最初想法的一个重要肯定。“从前，行人和骑自行车的人通常都会避开这个地方，但现在，正如你所见，开车的人会关照骑自行车的人，骑自行车的人会注意行人，每个人都互相留意。你不能指望交通信号和街道标志会引导这类行为。你必须把它融入道路的设计方案中。”“共享空间”这一概念正在被丹麦、英国和美国等世界多个国家和地区广泛普及。

那么，蒙德曼的共享空间试验对管理界有什么启示？我希望这些启示是显而易见的。你可以把交通信号和道路标志当作你的公司资本预算、战略规划和绩效评估的程序。善意的管理人员采用这些做法，以使你的公司运营得更顺畅。但是，当管理人员要求人们遵守这些程序时，你会含蓄地说：“让他们停止自我思考似乎也不错”。共享空间概念即颠覆了这个逻辑：如果你只提供极少的规则和极简单的结构，绝大多数人就会自己找出最好的方法，以及协调自己与他人活动的最佳方式。这是一个非常简单的观点，但绝大多数城市规划者和组织设计者都忽略了这一点。

换句话说，对于理解一些大型组织如何确定协调活动的可替代模式，共享空间是一个非常形象的隐喻。在过去 60 年，通用汽车公司和其他知名工业公司一直青睐的标准模式被称为官僚体系，下文将对此进行恰当的解释，它将协调的责任交给了首席执行官和他们的核心团队。替代模式被称为涌现机制或自组织机制。在这种模式下，规则更宽松，并且协调工作的责任由做这件事的个人承担。

现在，我们都知道官僚体系有其自身的问题。确实，这个词多年来已经变得劣迹斑斑，成为大公司某些负面部分的代名词。但是，我的看法更为微妙：官僚体系最初的概念具有非常积极的内涵，作为一种协调机制，它能产生巨大的利益，但产生的成本也是巨大的。虽然涌现机制或自组织机制的概念很吸引人，但它们也不是灵丹妙药。汉斯·蒙德曼从来没有说过共享空间适用于一切地方，他仍坚持高速公路需要清晰的标志和限速要求。同样，涌现机制用于组织设计也有其局限性，我们将在稍后讨论。

在本章中，我们将探讨管理人员在协调活动时面临的选择。我们会研究官僚体系真正的含义，涌现机制是怎么样的，以及如何选择条件。虽然总是需要某种程度的平衡，但对绝大多数公司来说，挑战和机遇都偏向涌现机制这一端。这个机制的基本原理是“少即是多”——绝大多数组织过于官僚，且通常罕有通过规范化的流程去完成工作。知道要改变什么，以及如何改变，这才是关键。

官僚体系没那么简单

官僚体系变得如此声名狼藉实在是具有讽刺意味，因为其初衷就是用来解决糟糕的管理问题的。德国社会学家马克斯·韦伯（Max Weber）认为组织的建立有以下 3 种方式：沿袭传统信仰和过去的规范（传统模式）、领导者的魅力（魅力模式）或规则和程序制度（法律模式）。在韦伯看来，第三种模式是比另外两种模式更合理、更有效的组织形式。如果传统模式与君主政体有关，魅力型模式类似于独裁，那么法律型模式（核心是官僚体系）则类似于民主。它是一种客观的、以法律为基础的、超越某种特定情形或个人特质的组织方式。

我们可以把官僚体系简单地看作一种协调经济活动的手段，其依赖于正式的规章制度和程序，从而确保行为的一致性，并创造持续的产出。人们通常会将官僚体系与等级制度的原则相混淆，但在本书的内容中两者有很大的不同。在官僚体系下，协调工作是一个横向的过程；在等级制度下，决策和信息获取是一个纵向的过程。[3]虽然两者有明显的关联，但关键点是管理者把基于这两个维度做出的选择视为不同的且可分离的。

今天，官僚体系在大型企业中的普遍运用证明了它的价值。正如韦伯所说，如果一个组织的目标是效率、稳定的质量和减少浪费，那么官僚体系就可能是一个理想的组织工作的方式。[4]但是，与其他任何一种管理原则一样，官僚体系有其局限性，即它依赖于各种正式的规章制度和程序，从而使工作失去个性，并可能导致效率低下的客户响应、无效的过程，以及员工的失职，这正是我们在第1章曾提及的折磨通用汽车公司的问题所在。

管理研究学家保罗·阿德勒（Paul Adler）和布莱恩·波利斯（Brian Borys）就两种官僚体系的观点做了如下总结。

> 消极的观点认为，官僚体系的组织形式扼杀了员工的创造力，滋生了不满情绪，并使员工失去工作的动力。积极的观点认为，官僚体系提供了必要的指导且划清了责任范围，从而舒缓了体系中各个角色的压力并帮助他们提高个人的工作效率。[5]

一个与商业无关的例子突显了官僚体系可能带来的不利影响。2008年英国发生了一起备受关注的悲剧，一位名叫彼得·康纳利（Peter Connelly）的婴儿被其母亲和继父虐待至死。早在悲剧发生之前，英国社会服务机构已经意识到这一情况的严重性，并且上门造访约 60 次，但是他们没有及时地采取行动。进一步调查后，问题显现出来了，当地社会服务机构建立了一套高度官僚化的体系，这套体系有着强大的信息技术支持、界限清晰的职责范围和具体的案例响应及跟进制度。由此推测，这套体系可能节约了成本，提高了效率。然而，这也意味着社会工作者把 60%~80% 的时间花在了书面工作上，而不是探访高危孩子的家庭上。60 次与孩子母亲的单独约见被分配给了许多不同的社会工作者，因此，得知全部情况时为时已晚。一份针对这起案件的调查总结道，计算机技术“取代了原来由社会工作者以叙事形式记录案件的做事方法，这使不同官员更容易迅速回顾复杂案件的细节”。[6]

虽然这是一个极端的案例，但它形象地阐释了官僚体系客观的、以效率为导向的本质。换句话说，我们在本章所持的立场是把官僚体系视为一种成熟的管理原则，它在传统商业环境中运行良好，但渐渐难以适应我们今天所处的知识密集型商业环境。

在这种情况下，当务之急是创新、适应性或个人处理问题的能力，而可替代的涌现机制就能提供更大的潜力。

但是，在讨论涌现机制之前，还有一个问题需要深入考虑。在一篇令人深度思考的评论文章中，保罗 · 阿德勒和布莱恩 · 波利斯写道，并非所有的官僚体系都是一样的。他们花了很多时间研究丰田的汽车工厂，这是全世界最具生产力且质量最高的组装工厂，但从规章制度和程序角度来看，它们也是最官僚的。这两位管理研究学者称，有些官僚体系是强制性的（它们强迫员工遵守一套程序），另一些则是具有能动性的（它们提供了持续改进的工具和方法）。因此，如何运作不是由这些正式的程序来定义的，而是公司管理人员如何解释和使用这些程序。

涌现机制

这里所说的涌现机制是指通过独立行动者的自利行为而自发形成的协作。[7] 当我们看到汽车、自行车和行人在通过 Laweiplein 广场时各行其道、互不干扰时；当我们看到一群自由职业程序员聚在一起开发一个新的开源软件产品时；当我们看到一队白蚁建造一座 20 英尺[①] 高的塔时，我们就看到了涌现机制的作用。

在过去的 15 年里，学术界对“涌现机制”及其相关概念“自组织”都产生了浓厚的兴趣。[8] 基于对物理学非线性动力学的了解，社会和自然科学领域的研究人员提出了这样一个问题：当没有人“命令”时，“命令”是如何出现的？从本质上讲，答案是个体都被设定遵循一些简单的规则。当数十或数百个这样的个体互动时，就会涌现某种结构或模式。这是自然而然发生的，就好像天鹅群聚，蜜蜂筑巢。它解释了包括交通拥堵在内的许多社会现象。当然，基于独立行动者自利行为的广义市场经济概念也是以这个基本原理为基础的。

自组织研究领域的领军人物玛格丽特·惠特利（Margaret Wheatley）曾就这些问题发表过许多文章，她表示澳大利亚大草原上那些精美但又复杂的白蚁巢激发了她（相对于其建造者身材的大小，这是地球上最高的建筑）的灵感。她记录道：

> 单靠它们自己，白蚁们只能挖土堆。每只白蚁就像单个的神经元，但是，作为一个协作的群体，它们的表现就像是有想法的。它们释放化学物质用于交流。它们随意走动，相互推挤，然后做出回应。我认为这是一个极佳的有组织生活的准则。[9]

---

① 1 英尺≈0.3048 米。

惠特利认为，涌现机制不仅是一种理解社会秩序如何形成的方式，还是一种规则、指示，它引导我们作为个人和管理者应该如何思考工作。许多其他人也持类似观点。谷歌高管肖纳·布朗（Shona Brown）和斯坦福大学教授凯西·艾森哈特（Kathy Eisenhardt）在他们合著的畅销书《边缘竞争》（*Competing on the Edge*）中写道，在高速变化的行业中，高管们应该把自己的组织定位于混乱的边缘，在那里，“系统可以发生最有效的改变。结构臃肿的系统……过于僵硬而难以发生变化；结构过于简单又太没有组织形式”。[10] 在他们看来，对于尝试新机会，自发行为（随意走动，相互冲撞，做出回应）是必要的，但也需要有厉兵秣马和集中发力的过程与之相辅相成。

在理想条件下，涌现机制是关于自发秩序的。但是，我认同布朗和艾森哈特的观点：作为一种管理原则，涌现机制意味着建立指导性的结构，从而激发个体基于自身的意愿以一种集中的方式协调组织活动。

官僚体系与涌现机制：永不停歇的双人舞

涌现机制与官僚体系是对立的，在寻找一条可行的综合方案时，许多公司发现自己总是在这两个原则之间摇摆不定。

以奥迪康（Oticon）为例，这家丹麦助听器制造商因其意面式组织（Spaghetti Organization）而闻名。面对不断下降的市场地位和来自西门子（Siemens）及飞利浦日益激烈的竞争威胁，奥迪康首席执行官拉尔斯·科林德（Lars Kolind）于 1988 年启动了一项颠覆式的重整计划，该计划的核心是创建一个高响应度的、敏捷的组织，从而提供其大型竞争对手无法匹敌的创新水平和服务水平。科林德摒弃了正规的组织结构，取而代之以一个自下而上的模式，即员工围绕他们想要做的开发项目自行组织团队。根据达尔文的优胜劣汰法则，能激发客户的兴趣并获得资金支持的项目才能存活，反之则被淘汰出局。为了强化这个新模式，科林德提出了“想别人不敢想”等这类激进的口号和采用了有冲击力的视觉符号，如建筑物中间有一个巨大的透明斜坡，所有粉碎的文件从斜坡上滑落下来。[11]

奥迪康去官僚化的管理模式取得了巨大的成功，在接下来的10年里，公司业绩明显上升。但这并不是全部的故事。从1996年开始，奥迪康又进行了一些结构调整，意面式组织的许多做法被取消。21世纪初，丹麦经济学家尼科莱·尤尔·福斯（Nicolai Juul Foss）做了一次跟踪研究，他发现一些传统架构的要素正在悄然回归。奥迪康的总部被分成了3个业务团队①：一个专注于评估项目和任命项目领导者的竞争力中心；一个由所有高层管理人员组成的发展部，目的是指导公司战略。[12]

这些结构性转变具有指导意义。拉尔斯·科林德激发公司尝试自组织机制，但随着公司业绩的提升，科林德将日常领导职责交给其他人，公司在某些方面又倒退回更传统的原则。在撰写本书时，奥迪康正处于两种极端情况之间。公司仍“具有相当大程度的权力下放和授权决策的特征”，但意面式组织的许多要素已被弃用。[13]

奥迪康的经历对于本章内容有两个重要的启示。第一，虽然涌现机制和自组织机制作为未来架构工作的原则很有诱惑力，但在未来几十年里，官僚体系仍将是公司的一个重要特征。不仅管理人员在有组织的工作程序中得心应手（他们非常熟悉的模式），而且有大量证据证明正规的程序也是有价值的。确实，尽管奥迪康的组织形式中少了些许激进色彩，但是奥迪康的业绩依然非常棒。

第二，许多组织都会在官僚体系和涌现机制之间摇摆不定。第一步通常会采

---

① 下文只介绍了其中两个业务团队，疑似原文有误。——编者注

用基于涌现机制的措施，比如奥迪康引入意面式组织，瑞银集团取消传统的预算制度。一旦新模式暴露出缺陷，官僚体系就会重回主导地位。随着官僚体系的缺点凸显，这场此消彼长的戏将会再次上演。公司一直在经历这种循环，虽然有时它们嘲笑“为了改变而改变”，但它们也能提供介于两种极端之间的某种类型的动态平衡。[14]

正如我们所见，官僚体系和涌现机制是一个连续的协调机制图谱的两个极端（见图 3-1）。最左侧为传统的官僚体系，它非常接近韦伯的理想模式并被广泛地应用于今天的许多政府部门和大公司（如通用汽车公司等）。在其右侧，我们看到的是灵活的官僚体系，它能够不断地带来传统官僚体系特色的程序和规章制度产生的利益，但也少了一些局限性。中间是内部市场模式，最能代表一家现存公司内部协调活动的涌现过程。右侧，我们看到的是基于涌现机制的网络模式和纯粹的市场模式。在纯粹的市场模式中，工作完全通过商业交易进行协调，而在网络模式中，管理人员采用毫无束缚的方法鼓励公司和个人密切合作。

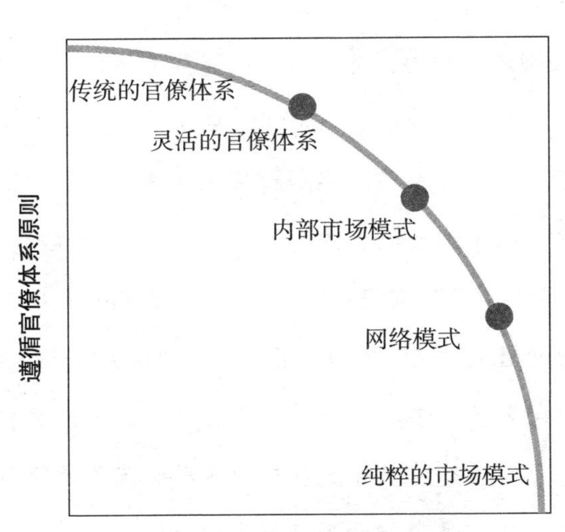

图 3-1 协调图谱：比较不同协调方法的框架图

这是一个很成熟端的框架，可用来理解公司与个人之间不同的相互协作方法。[15]有意思的不是这张图谱的最左端和最右端（这些很好理解），而是中间两种模式混合的部分，它在某种程度上调和了官僚体系和涌现机制之间的矛盾。接下来，我们将重点阐述这 3 个模式：灵活的官僚体系、内部市场模式和网络模式，并分析每种模式的利弊。

灵活的官僚体系

没有一家大公司能完全避免官僚体系的影响。正如我们在第 7 章所写的，公司规模越大（特别是从员工数量上看），它就越倾向于开发结构化的工作和维护控制的工作流程。但是，正如我们所知道的，这类过程的相关成本很高，其中最重要的有以下 3 点。

- **正式的流程费时、费力。**员工为了走流程而走流程，他们不再思考这些程序产生的初衷，于是他们开始玩“游戏”。这一点在预算编制过程中体现得最为明显，按照两位著名评论家杰里米·霍普（Jeremy Hope）和罗宾·弗雷泽（Robin Fraser）的说法，预算编制过程“费时，几乎毫无价值，而且会阻碍管理者对商业环境的改变迅速做出反应。”[16]
- **正式的流程使员工只关注公司内部。**急迫的任务驱逐重要的工作；员工将注意力集中在他们对内最关注的流程上，从而忽视了客户。
- **员工怠工。**正如上述小彼得案例所体现的，工作的规范化通常以牺牲个人所有权为代价。员工感受到的所有权越小，他们就越不愿意无条件地工作。

这些问题众所周知。但是，要想去除这些正规流程，就要采取大刀阔斧的措施：奥迪康的意面式组织就是彻底重组的一个案例，我们将在本章后半部分讨论其他案例。因此，绝大多数公司会选择一种循序渐进的方式，正如我们所说的灵活的官僚体系。本质上，这些方法旨在保留大公司看重的结构和规模效益，同时恢复小公司普遍拥有的一些灵活性和响应能力。

现在，有许多提升大公司灵活性的方式方法，包括拆分部门和打造类市场体系。在传统结构中，你可以取消报告流程，将更多的自主权给予更接近此项行动的人；你可以取缔各种各样的委员会和流程；你可以明确界定角色和职责。所有这些都是有价值的。但是，我们这里的焦点不是这些备受关注的实践，而是行动时的根本原则和更少人知道的方法。

那么，是什么原则鼓励个人自发地协调自己的行动，而不是遵循规则或者按照高层人士所说的去做？这里有以下 4 个关键点。

同业评审

在学术界，同业评审原则有着一个清晰但狭隘的含义：我们平等地监测和评估彼此之间的研究产出，而不是遵从某个更高级别的人或一套正式的规则。因此，在一个商业背景之下，我们可以把同业评审视为一种打造和控制涌现行为的横向机制。

在实践中，这意味着什么？以英国石油巨头英国石油公司（BP）为例，该公司在 20 世纪 90 年代建立了一套缜密的同业评审流程。20 世纪 90 年代初期，英国石油公司朝着一个高度去中心化的管理模式发展，每个业务部门的领导者都与公司总部签订了一份年度“绩效合同”，并被授予全部自主权以达成合同中规定的目标。为了帮助他们达成其绩效目标，公司随之设立了“同伴团体”：每个业务部门的领导者与其所在的“同伴团体”的领导者都负责类似的业务（如全都是早期油田），关键的是，领导者一半的年终奖基于他的绩效和来自他的同业的评价。这种奖励结构自然而然地鼓励高水平的协作：这些部门的领导者每季度举行一次会议，寻找合作和提升彼此绩效的方法。这种协作精神通过所谓的“同业互助”层层下传，即一个业务部门的专家会见其他部门同僚，帮助他们解决某个绩效或者生产力问题。

从本质上讲，英国石油公司的“同伴团体”是一种鼓励跨部门合作和业绩提升的非官僚体系。这一模式基于这样的假设：管理人员对志同道合的同人（而非公司高管）给出的建议和挑战可能会做出最好的反应。用时任首席执行官约翰·布朗（John Browne）的话说，“同级别的人在评价彼此的工作时，与上级评价下级工作时的态度存在非常大的区别。我们得出的结论是，获取最佳答案的方法是同行们既相互挑战又相互支持，从而得到一个金字塔式的挑战流程。”这种方法有助于渴望出现的行为自然而然地涌现，而不是通过正式的流程。虽然2001年之后英国石油公司在使用这一模式时出现了变化[17]，但它仍是推动英国石油公司在20世纪90年代突飞猛进的一个核心因素。

对于更多同业评审的常见案例，想想绝大多数公司的费用报销流程。它对你能报销什么和不能报销什么都有着明文规定，并且有一组人的工作职责就是确保表格填写正确无误并符合要求。这个体系越官僚，就有越多的员工只按字面意思办事，而这并非这些规章制度的精髓。2009年，英国高等法院出台一项规定，要求国会议员的费用报销应该公之于众，这在英国引发了公众的强烈抗议。此前，有国会议员报销他们未曾住过的第二套住房和与工作无关的个人项目，比如1600英镑的“浮鸭岛”和3000英镑的壕沟清洁服务。这些报销符合国会议员津贴的狭义技术规则，但与任何更广泛的公平标准都不相符，因此民众的愤怒也就可以理解了。

这个问题的解决方案一目了然：为国会议员的开支设定大概的范围，要求他们自行判断是否合理，然后将实际报销发布在网上。剩下的事就交给媒体，它们会指名道姓，羞辱那些不遵守规定的国会议员。类似的方法也可以用于公司。正如我们将在下文中看到的这种做法并非没有风险，但它可以成为官僚体系报销制度中一种行之有效且高效的替代方法。

透明化

官僚体系一个潜在的后果是，它使人们处于黑暗之中——他们只能看见自己在这个体系中的一部分，这使他们无法以深思熟虑的方式解决问题或抓住机遇。因此，作为一个基本原则，透明化是一件绝对正确的事：不仅能使公司不同部门的员工更有效地协作；还能传递出公司信任员工并希望他们理解大局的信号。最终，透明化大大提高了员工的主动性。

这里有一个关于透明化的有趣例子。Skubios Siuntos Ltd 是联邦快递（UPS）在立陶宛的特许服务承包商。该公司只有 76 名员工，负责派送和收取波罗的海全境的国际运输货物。2007 年，公司联合创始人弗拉达斯・拉萨斯（Vladas Lasas）寻求某种非传统的员工激励和留任方法，他偶然迸发出邀请员工为自己设定薪酬的想法。于是，他采取了以下措施。首先，他和他的管理团队在下一年度的财务预算中拨出 19% 的空间留给薪酬增长，他要求其团队就每位员工应该额外得到多少钱做出一个初步的估算。接着，他以自己的名义给每位员工写了一封信，详细地列出了每位员工的历史薪酬数据和公司的财务状况，并要求员工回答包括他们对新的日薪评估方式在内的 5 个问题。在收到所有回复和评估之后，人力资源负责人和相应的经理与每位员工会谈，一起讨论员工提出的下一年度薪酬。大约 39% 的员工提出的薪酬增幅与其经理的预期相符。40% 的员工提出的薪酬增幅略高于其经理的预期，21% 的员工提出的薪酬增幅远超其经理的预期。经过讨论，79% 的员工很快与公司就薪酬达成共识。剩下 21% 的员工与人力资源负责人进行了第二次讨论。有一位员工的薪酬涨至他期望的水平，因为他证明了自己的工作值这个钱；有员工在说完“要么给我钱，要么我辞职”之后辞职了；公司还向两位员工展示了一份发展计划，如果他们能达成目标，就可以获得他们要求的薪水。

6 个月后，公司又执行了一次相同的流程，与前一次相同，他们收集了反馈。第二轮过后，85.5% 的员工表示非常满意自己的薪水，14.5% 的员工表示满意。另外，这一时期员工流失率从 12.8%（年化）降至 8.4%。

Skubios Siuntos Ltd 的试验说明了当你把员工视作有责任感的成年人时，公司会发生什么改变。根据个人贡献和公司整体业绩，鼓励员工说出他们希望得到的薪酬，这就成为一场理性对话的起点，关乎他们最终实际会拿到多少薪水，以及未来一年他们将达成什么目标。弗拉达斯·拉萨斯一直认为，员工应该知晓更多关于公司财务状况的细节，“为自己制定薪酬”之举便是直接建立在将该政策透明化的基础之上的。

当然，透明化原则远远不止分享公司业绩和薪酬信息。其他使用透明化原则并取得良好成果的措施如下。

- **设定和完成绩效目标透明化**。时间退回至 20 世纪 80 年代，制造业公司 SRC 控股公司以其开卷管理（Open Book Management）而声名鹊起。公司对员工进行培训，让他们了解财务信息，设定和实现目标的责任，以及公司的股权结构，此举取得了不错的效果。[18]
- **与供应商或客户的合作透明化**。2009 年，沃尔玛英国子公司阿斯达（Asda）进行了一系列尝试，旨在满足客户对提升透明度的要求。这些措施包括“走进阿斯达之窗”（Window into Asda）和“任由你选择”（Chosen by You）。前者通过网络摄像头和用玻璃墙取代砖墙的做法，让客户实时地了解发生在阿斯达工厂的一切；后者的做法是邀请普通消费者帮助其开发和测试新产品。[19]

- **与外部利益相关者的沟通交流透明化**。英国《卫报》（*Guardian*）每年都会发布一份社会审计报告，以评审在环境保护、社会和道德问题方面的记录，之后会有一位独立审计师就此发表评论。结果并不总是好的：2006 年的评审显示，培生集团（Pearson Plc）在获取纸张方面拥有最好的环保纪录，而非《卫报》集团；审计师理查德·伊万斯（Richard Evans）指责了《卫报》对二氧化碳排放的报道。

个性化

第三种取代正规工作流程的方法很简单，即个人责任感——给予关键人物责任，并要求他们对自己的行为结果负责。以每家航空公司的机长都知道的一条基本原则为例：在适当的水平上，做出风险决策。机长或许会将一些特定问题交由工程师或调度员决定，但是，有关飞机飞行的决定则取决于他们，而不是空中交通管制员或者航空公司的首席执行官。换句话说，正式的程序由强烈的个人责任感支撑。

这似乎很显而易见，但再仔细想想为什么银行业会在 2007 年陷入困境。大型投资银行的风险管理部门雇用了大量的员工，但他们完全依赖于正式的规章制度，如此谨慎地照章办事使目标明确的管理者都只能一叶障目，不见泰山。根据一份报告，“（银行）风险管理的失败源于在封闭业务、产品线和交易平台方面过于依赖低风险决策，从而忽视了这些问题对公司整体所面临风险的影响。”[20]

换句话说，银行需要更强的个人责任感来辅佐正规的程序。有趣的是，那些在信贷危机时期表现最好的公司确实采用了这种方法。例如，我在为本书调研时曾采访过一个成功的对冲基金高管，他说："我们有健康的日常制度，很容易进行沟通交流，并且我们对所要承担的风险有自己的看法。我们的判断得到了回报。"类似地，作为受信贷危机冲击最小的主要银行之一，摩根大通（JP Morgan Chase）拥有一支具有高度凝聚力的高管团队负责公司的日常风险管理。早在2006年，公司首席执行官杰米·戴蒙（Jamie Dimon）和他的团队就看到了抵押贷款信用风险和债务担保证券市场风险的警示信号，鉴于此，他们降低了抵押贷款支持证券的风险敞口。正是抵押贷款支持证券让摩根大通的许多竞争对手陷入困境。

其他行业也认真采纳了个性化的概念。例如，在制药行业，公司总是对新药品进行高风险投资。这些公司有着缜密的规章制度和严格的外部监管，但除此之外，它们也依赖于医务界强烈的道德标准和职业准则—— 一种个性化的表现形式。正如一位观察人士所写，医学专家"是受到公众希望提升产品知识的意愿驱使，而不是某种私人或商业的意愿驱动"[21]，正是这种医学专家共同担当的责任感将行业风险降至最低。

灵活的官僚体系的风险

当然，这些方法中没有一个是无风险的。通过取消传统的、形式化的且相当隐蔽的工作构建方式，管理人员正在承担一种风险，即其他人利用自己新发现的漏洞的风险。因此，值得深思熟虑的是，这些模式最有可能在什么条件下适用。

诺贝尔经济学奖得主、社会学家埃莉诺·奥斯特罗姆（Elinor Ostrom）在其引人入胜的著作《公共事务的治理之道》（*Governing the Commons*）[22]中，详细地描述了地方社区是如何集中管理其共享资源的。她研究了瑞士牧场、日本的森林和菲律宾灌溉系统的使用情况，阐明了自组织形式的社区如何确保它们不会过度开发或滥用这些共享资源：它们有着定义明确的组织界限，有一个监控系统监督小组的成员，有低成本的冲突解决机制，并且每个个体都可以建立自己的规则。

奥斯特罗姆的发现直接适用于本节的论点。要求员工为自己的薪酬定价、取消费用报销制度和通过同业评审设定绩效目标等，以上这些措施都容易被免费搭车者滥用，他们根本不在乎自己的行为会对其他人造成什么后果。因此，如果你有一支职责明确的团队来监测和打造自己的绩效，那么这些替代机制就可能很有价值。但如果没有，滥用的风险还是相当大的。

内部市场模式

根据定义，内部市场是一个混合模式：这是一种类市场机制，用于协调公司正式边界内的活动，通常涉及转让价格和传输服务协议。这个概念已经存在很多年了。遗憾的是，有一些证据表明，这类内部市场模式未能摆脱官僚体系。确实，管理者经常说，相较于内部供应商或客户，他们更容易与独立公司进行沟通。

但是在过去的 10 年里，人们对内部市场概念的关注再度升温。我在前文曾提到过加里·哈默尔的《将硅谷精神带进企业内部》。在这篇文章中，哈默尔认为，公司应该在其边界内为各种创意、资本和人力创建市场（就像硅谷的风险投资人一样），而不是使用传统的资源配置制度。另一本具有影响力的书是麻省理工学院教授汤姆·马龙（Tom Malone）撰写的《未来工作》（*The Future of Work*）[23]。他在这本书中写道，信息技术的进步使企业管理者有可能在不放弃控制权的情况下大幅度地下放决策权。

如今存在许多不同类型的内部市场。第 4 章讨论了那些主要关注汇聚众人观点以做出更优决策的模式（通常被称为“意见市场”）。在这里，我们只探讨公司如何使用内部市场来协调它们的活动，比如使用官僚体系的替代方法。

创意市场

许多公司并没有将所有想法都纳入一个单一的、正式的筛选机制，而是在传统的流程之外创建了某种类型的种子基金或者孵化器，以一种非官僚的方法，在低成本、低风险的环境中尝试新的商业创意。石油巨头壳牌的“创意孵化器”就是一个备受推崇的案例。该部门设立的初衷是为那些有望发展成全新业务的颠覆性想法提供资金支持。如今，它的业务遍及壳牌的所有主要部门（勘探与生产、零售和化工），每年的种子基金年度预算4000万美元，拥有员工25人。壳牌员工在“创意孵化器”网站上提交自己的想法。所有想法都将经过部门成员的评估，在接下来的6~12个月，这些提案会经过无数轮的审查、原型设计和资助。员工从日常工作中挤出时间进一步完善他们的想法，他们的努力得到了回报。随着提案转化为商业计划，员工可能会从“创意孵化器”获得30万至50万美元的启动资金。一旦正式的项目时间表制定出来，项目组在每个阶段都需要提供清晰的交付内容和进度评估。通过“概念认证”的项目（约占原始提案总数的10%）即脱离“创意孵化器”，之后或被划入相应的部门（绝大多数项目都如此），或被划入壳牌科技投资公司（Shell Technology Ventures，一个剥离出来的公司）。“创意孵化器”自1996年创建至今，大约提交了1600个提案。在过去的5年里，提案源源不断，每年在150~200宗。创意孵化器已经取得了巨大的成功：勘探和生产部门40%的开发项目都是源于“创意孵化器”的投资。[24]

资本市场

创意市场的另一面便是资本市场，许多公司都设有一个掌管所有重大投资资金的审查委员会。

制药巨头葛兰素史克（Glaxo Smith Kline）发现，其传统的资本配置模式限制太多。20 世纪 90 年代末，葛兰素史克的高管们清楚地意识到研发投资带来的收益不断下降，与此同时，规模较小的生物科技公司常常以更少的资源实现了更大的收益。正如该公司全球研发负责人山田忠孝（Tachi Yamada）观察到的：

> 大型制药企业在药物研发前沿有着非常明显的优势，因为提取药物成分需要大量的资金投入。大型制药企业在药物开发的后期阶段也有着非常明显的优势，因为需要进行大量的临床试验。在这个过程的中间部分，将有前景的药物成分转化为有形产品这个阶段，规模较小的生物科技公司的优势体现在灵活性和响应能力两个方面。[25]

山田多知对这一威胁给出的解决方案是彻底重建葛兰素史克的药物开发部门，将其重组为 7 个药物发现卓越中心（Centers of Excellence for Drug Discovery，CEDD），既拥有像生物科技公司那样的灵活性和自治权，又能从葛兰素史克的全球规模效应中获益。虽然每个卓越中心都有自己明确的治疗研究领域，但是它们仍要根据自己的表现竞争核心资金。这种做法似乎是有一些价值的。药物研发的周期相当长，以至于创新的结果要等到多年以后才被知晓，但是，一旦进入开发阶段，备选药物的初期指标还是非常有价值的。

人才市场

令人兴奋的新冒险活动总能吸引有才能的人，许多公司都在寻找在自己的领域内实现这一动态工作的方法。我们之前讨论过奥迪康的意面式组织，其核心理念是人们可以自由地加入他们感兴趣的项目。另一个案例来自戈尔公司（W.L.

Gore & Associates, Inc.），这家位于特拉华州的透气面料制造商因其独特的管理模式而闻名。新员工是根据宽泛标准而非具体岗位要求招聘的。他们在入职时，公司会给他们指派一位担保人。之后，新员工被分派到多个团队的临时岗位工作，以适应新环境。随后，在担保人的帮助下，新员工必须选出一个团队，并成为其中的一分子。正如加里·哈默尔观察到的，“实际上，新员工在面试一个角色：担保人的职责是帮助新员工在他的特长与某个特定团队需求之间找到一个合适的位置。”[26]

许多公司，如 HCL、印孚瑟斯（Infosys）、英国石油公司和诺基亚（Nokia）等，它们都拥有某种形式的内部就业市场，鼓励员工通过在整个组织内申请工作从而为自己的职业发展负责，而不是等着被分派到下一个岗位。

想想以上 3 种类型的内部市场的共同点。总的来说，老旧的官僚体系被认为一切过于缓慢，涉及太多的管理层级，且没有充分考虑那些实际参与工作的人员的意见。壳牌的“创意孵化器”在加快新想法评审速度和权力下放方面取得了成功；葛兰素史克的卓越中心模式也加快了决策进程，并促使科学家们更注重商业思维；戈尔的内部就业市场旨在把职业管理的责任交给个人，让他们在确定自己的发展选择时拥有更大的灵活性。

内部市场的风险

那么，创建这些类型的内部市场体制有什么风险呢？这些管理试验会事与愿违吗？是的，它们会，而且有一个非常有趣的案例阐述了事情可能出错的所有可能性。想想安然公司。如果你还想得起来，1999 年的安然公司还是股票市场和管理学作家的宠儿。安然公司完全拥护大型公司边界内可以接纳的市场机制的观点，其创新的管理模式在一段时间内似乎运转得非常顺利。但是，如我们所知，这种模式的根基并不牢固，现在，安然公司已成为内部市场使公司陷入困境的警示案例。[27]

- **空间太大**。需要给员工指明一个清晰的方向，以便他们能安排工作的优先顺序，否则就会产生混乱。20 世纪 90 年代中期，安然公司聚焦天然气业务，但是到了 20 世纪 90 年代末期，公司将重心转向了电力、在线交易、天然气衍生品和宽带网络。之前的目标是“成为最佳的天然气供应商”，随后变成“全球最佳能源公司”，到了 2001 年又变成“全球最佳公司”。随着业务范围的不断扩大，员工也获得了更大的空间去追逐新的机遇。例如，欧洲天然气交易员路易斯·基钦（Louise Kitchin）在 1999 年年初开始了在线交易业务（Enron Online），同时也在继续从事自己当时的工作。到了 1999 年夏天，她大约拥有 250 名兼职员工，在 22 个国家和地区设有服务器，而时任安然公司的总裁杰夫·斯基林（Jeff Skilling）甚至都不知道这个团体的存在。
- **界限太少**。内部市场体系需要划分清晰的界限。尽管安然公司在评估投资提案方面拥有相对复杂的控制制度，但现实是这些官方制度和程序常常被忽视。另外，高层管理人员肯·雷（Ken Lay）和杰夫·斯基林通常会给予那些违规人员第二次机会，而不是解雇他们。站在他们的角度来看，这是一种经过深思熟虑的、避免企业文化被扼杀的政策。但是，这也传递出一个非常清晰且危险的信号：破坏规则是可以的。
- **微不足道的职业支持**。安然公司建立的是一个几乎不受约束的内部劳动力市场。通过一个“联合”计划，新招募的员工被分配到不同的业务部门，为期 6 个月，但他们轮岗结束之后，未来所有的职业发展全由他们自己负责，有的员工会提出新的商业点子，其他人会在令人兴奋的新的增长领域寻找机会。安然公司的风险回报态度意味着，薪资最高的人是开辟新业务

> 的人。因此，业务高增长的部门总是能吸引人才，但是，较成熟的业务，即使仍有利可图，也很难留住优秀的员工。

显而易见的是，安然公司在许多方面都是一家与众不同的公司。在此，它作为一个案例来阐明以下观点：如果你允许内部市场思维不受控制地在企业内部传播，那么事情就会走向错误的方向。但是，我们也看到，当公司谨慎地维持自由与控制之间的平衡时，如壳牌的创意孵化器、葛兰素史克的卓越中心、戈尔的内部劳动力市场，它们就能够享受到内部市场潜能带来的巨大利益。

网络模式

与内部市场模式不同，网络模式是独立公司与个人之间协调活动的一种方式。网络模式旨在创建高水平的合作和双方信任。

位于伦敦的咨询公司伊顿麦卡伦（Eden McCallum）就是这样一个建立在网络原则之上的有趣案例。该公司由莲安·伊顿（Liann Eden）和迪娜·麦卡伦（Dena McCallum）于2000年互联网热潮末期创建，它通过一个由兼职顾问组成的网络平台提供战略咨询服务。绝大多数顾问都有着在麦肯锡（McKinsey）、贝恩（Bain）和波士顿咨询（BCG）等大公司工作的经历，但是他们很看重自由职业者工作的灵活性，这使伊顿麦卡伦的成本基数远低于传统的咨询机构。到2010年，该公司的年增长率超过50%，年收入超过1600万英镑，拥有26位全职雇员和逾400位兼职顾问，使其成为在伦敦仅次于麦肯锡的第二大战略咨询公司。

伊顿麦卡伦决定把目标对准那些因为麦肯锡、贝恩和波士顿咨询公司的收费而望而却步或无力负担费用的客户。它们的价值主张很简单，它们的顾问拥有同样娴熟的技能和严格的标准，但服务报价只有其他公司的大约一半。它们没有什么专属的成套方案，相反，它们将使用任何适当的方法解决客户的问题。客户可以为自己的项目挑选合适的顾问。

一旦中标，伊顿麦卡伦就会从它的人才库中挑选 2~3 位顾问以供客户选择。接着，客户会评估出他们认为的最佳人选，这让客户在建立工作关系方面获得了既得利益。项目完成后，公司会针对顾问和公司表现进行一项内容广泛的反馈调查。

所有这些都使客户感受到很好的服务体验。但是，顾问呢？这种灵活性对他们提供了哪些帮助？顾问既不是雇员，也不是完全自由的合约商，而是介于两者之间。他们对伊顿麦卡伦相当忠诚，但他们也会制定自己的从业准则，包括选择接受哪个行业的项目，每周工作多少天，每年工作多少个月，与旅游有关的所有后勤安排，以及其他许多条款。不可否认，这种安排要求顾问平衡每个人的情绪，但不是每个人都需要这样做。但是，由于允许顾问选择自己的从业条件，伊顿麦卡伦获得了极高的忠诚度——顾问的流失率非常低。

从本质上讲，伊顿麦卡伦的商业模式是将客户与兼职顾问进行匹配。公司的附加值在很大程度上取决于如何确定项目的范围和匹配的质量。相应地，约 1/3 的内部员工是全职的，以确保顾问是从事正确工作的合适人选，与此同时，约有一半的员工专注于开发和维护客户关系。伊顿麦卡伦的核心能力是将最优秀的顾问与正确的项目进行匹配，但是，与其他咨询公司不同的是，它不会被产能管理所束缚。

伊顿麦卡伦还投入大量的时间以确保顾问们享受到良好的待遇。其中一个做法就是，完全透明化其费用结构：它基于一种分级制度，依据顾问的资历和咨询技能支付薪酬。网络组织中另一个大家共同关心的问题是如何把已有的工作分配出去。因此，伊顿麦卡伦试图弄明白对拥有不同技能的人的需求期望值。这就关乎“校准期望值”，包括公司的和顾问的。

网络模式的兴起

在两大趋势的推动下，这类自由职业者网络正在兴起。毫无疑问，趋势之一便是互联网和在线社区（有些在线社区是为了达成某个商业目标，有的则纯粹是个人兴趣）的涌现。另一个趋势是人们越来越愿意自主创业，并对自己的事业负责。X 世代和 Y 世代鲜有人希望自己像婴儿潮的前辈们那样终身为一家公司服务。越来越多的人在寻求自由职业，创建自己的公司，或者从事所谓的“多样化”职业，即为多位雇主兼职工作。

我们来看看英国广播电台 BBC 是如何利用这一趋势的。[28]21 世纪初，BBC 面临新兴数字媒体的挑战。它应该如何应对市场的这一重大变化？是联合少数研发团队一起批判一个极其复杂的新世界，还是通过一系列开源试验吸引大批新兴领域的玩家？

答案是 BBC 后台计划（BBC Backstage）：一个旨在应对新媒体发展的计划，就像开源社区对 Linux 和其他软件开发所做的那样。这个模式看似简单，实际上很有欺骗性：开发人员被邀请免费使用 BBC 网站的各种内容（如实时新闻播报、天气、电视节目等），进而将这些内容整合和塑造成新的应用程序。该网站的口号是：“用我们的内容来打造你的内容”。2005 年 5 月，该网站一上线就吸引了数百名软件开发者，并产生了一些极有潜力的产品创意。

与其他协作模式相比，网络模式具有以下优势。第一，灵活性。它能在不大幅改变员工数量的前提下，增加或减少工作量。当然，工作量的波动随后会被自由职业社群消化，但是这可以理解为人们为自己工作的一部分。

第二，网络模式在与员工建立关系时拥有传统雇佣合约所缺乏的纪律性。如果一名自由职业者的工作成效不佳，他或许不一定会被解雇，但是不再会接到更多工作的邀请。

第三，一个很重要的优势就是管理流程更简单。难以想象伊顿麦卡伦会要求其自由职业者社区成员像全职员工那样参与各种会议和讨论。但这并不是说该公司已经摒弃了所有流程，例如，它仍要求顾问在每个项目结束时做一份详细的评估。但是，关键在于自由职业者对于无价值会议或流程的容忍度几乎为零，这让管理人员承担了举证责任，证明某个特别会议或程序的目的。其结果是：流程更简单、附加值更高。

网络模式的风险

虽然拥有一支灵活的劳动力队伍会带来巨大的好处，但是，网络模式并不那么容易管理，并且会带来很多额外的风险。

第一个风险，难以维持一个活跃的网络。伊顿麦卡伦的顾问可以随意地向其他人出售他们的服务，因此，如果这些顾问感觉得不到他们需要的有趣的工作和机会时，他们就可能转投其他地方——最好的顾问也可能是最早离开的人。因此，伊顿麦卡伦的管理人员投入大量的时间在社区中，寻找让工作更有趣的方法，并倾听顾问关心的问题。

第二个风险，通过外包，公司放弃了对许多核心竞争力的掌控，而这正是公司所提供服务的精华所在。伊顿麦卡伦没有雇用任何顾问，也没有任何专属的成套方法，这些都是传统咨询公司的中流砥柱。但是，公司必须拥有足够的专业知识来评估所购买到的职业能力，因此，会有一个内部团队站在实践的最前沿，以确保所聘用的顾问都是顶尖人才。

第三个风险，通过创建一个由独立专业人士组成的社区，公司也可能在创造竞争对手。从理论上讲，伊顿麦卡伦的顾问可以将他们的服务直接出售给有需求的客户。实际上，只要公司做好该做的，这种情况就不会发生。但是，在其他情况下，也确实发生过上述情况。加拿大汽车零部件生产商麦格纳（Magna）曾经只把自己看作一个普通的制造商，一个向通用汽车和福特公司等提供服务的次级供应商。今时不同往日，麦格纳渴望成为一家成熟的汽车制造商，在 2009 年的汽车展上曾出价收购通用汽车的欧洲资产。

在另一个完全不同的领域内，太阳微系统公司（Sun Microsystems）在 20 世纪 90 年代初创建了自己的 Java 开发者网络。最初，公司想要控制其合作伙伴（编写 Java 代码的独立软件公司）的活动。但它很快意识到这是不可能的。“对于我们正在创造的事物的数量级，我们完全没有概念，”Java 创新的首席架构师乔治·鲍里尼（George Paolini）说道。[29] 因此，太阳微系统公司创建了一个开源社区，这个社区迅速发展壮大。这是一个重要的提醒，商业网络与生态系统一样，不可能被任何单一的参与者控制。

总之，网络模式管理起来相当具有挑战性，因为它意味着要依靠公司不能控制的合作伙伴，且需要不断调整以适应合作伙伴随时变化的需求和能力。它还意味着，公司要准确把握自己存在的价值是什么。如果公司把所提供的全部重要服务逐渐分包或外包出去，公司真正扮演的角色又是什么？专栏 3-1 就此提供了一些想法。

专栏 3-1

在网络世界中，你真正的附加值是什么

如果协调活动趋向纯粹的市场模式和基于网络的模式，那么这个过程的终点在哪里？ 假设一下，你可以将所有活动外包或分包出去，并且如果你按照逻辑推进这个过程，最终结果是你成立了一家虚拟公司：你本人、你的助理和一个由

合作伙伴组成的，完成全部实际的工作网络。这是否意味着你没有任何存在的价值吗？实际上，答案是否定的。事实证明，不管你的公司是生产还是销售产品，你的公司仍扮演着 3 个具有附加值的角色。

- **品牌的推广者和守护者**。像耐克和戴尔这样的产品公司乐于雇用自由职业者和分包商来完成这项工作，但是，它们致力于保持对自己品牌的控制权。对客户而言，品牌代表一种特殊的价值主张，特别是对那些为公司工作的人来说尤其如此，所以，公司高管的一个重要职责就是发展并维系这种价值主张。
- **网络中间商**。关系网络可以作为评估一家公司的方法之一，并且随着时间的推进，会有巨量的社会资本建立在这种关系之上。因此，对一家公司而言，尤其是像伊顿麦卡伦这样的网络公司，一个固有的特质就是通过把有着不同需求和目标的交易对手聚在一起从而创造出价值。
- **系统整合**。这是指把许多独立的个人的行动集合并协调起来的能力。人们常说，波音的核心竞争力是项目管理，因为飞机的开发和组装（其中大部分工作是由独立的承包商来完成的）或许是人类已知的最复杂的项目管理工作。更通俗地讲，伊顿麦卡伦和 TopCoder 两家公司都必须擅长管理复杂的系统，以确保它们的自由职业者按照正确的程序从事正确的工作。

一些看法

在本章中，我们分析了 3 种不同协调方法的优缺点，也讨论了每种方法面临的管理挑战。正如我们对管理的了解，没有正确的解决方案；它完全取决于什么适合你的公司目前的状况，以及你想要市场上的人如何看待你的公司。

本章得出的最重要的信息是“少即是多”。换句话讲，减少对正式管理流程的关注通常会调动个人的主动性和参与积极性，从而提升企业的灵活性和响应能力。大多数公司都能够从对其现有流程批判性的评估中获得巨大利益。有可以简化或者重新思考的流程吗？是不是有些流程应该被去除或者合并在一起？大多数公司对这些重要的问题都没有投入足够的时间予以思考。

第二条重要信息是，通过松散的合作伙伴所建立起来的网络的潜力与日俱增。随着公司朝着协作图谱末端的涌现机制靠近，公司的目的也必须且必然发生变化。随着越来越多的工作通过本章讨论的网络关系完成，许多公司变得更加“虚拟”；自由职业经济正蓬勃发展，个人愿意且能够在不成为雇员的情况下向大公司出售他们的服务，这在信息技术领域非常普遍。但是，即使所有这一切都正在发生，一些观察人士对大型传统公司将寿终正寝的预测也确实有些言过其实。在我看来，未来许多年，我们将继续看到所有这些不同类型的协调模式并存，这取决于每家公司面临的特定情况。

第 3 章　要点

大公司协调工作的传统原则是官僚体系——通过正式的规章制度和流程把投入转变为产出；替代原则是涌现机制——通过独立行动者的利己行为自发地协调活动。

本章详细描述了 3 种协调机制。灵活的官僚体系拥有传统官僚体系的绝大多数优势，并且拥有更自由的个人表达和更高的透明度。内部市场模式鼓励在现有公司边界内拥有自发的协调程序。在网络模式下，管理者创造了许多不受约束的方法，鼓励公司与个人不受正式雇用限制但又紧密合作。

在科技发展和社会变化的驱动下，总的协调趋势是朝着图谱的涌现机制这一端发展的。科技发展使信息更容易地被广泛分享；社会变化则鼓励个人成为自由职业者。但是，越来越多基于涌现机制的协作方式的使用将受到安全性和稳定性的制约，而这正是许多人从正规化制度和程序中获得的。

这 3 种协作机制都有其自身的优势和劣势。作为一位管理者，你的挑战是：①理解每种机制的相对价值；②评估哪种机制最适合你的公司的特定情况；③如果你认为有改进的空间，那么就构想并试验基于这些想法的新的协作机制。

| 第 4 章 |

决策的制定和沟通：从金字塔体系到集体智慧

4

作为一位忠实的体育迷，你的生活可能会很苦闷。你喜欢观看自己喜欢的队伍参加的比赛；你为他们的胜利欢呼雀跃；当他们失败时，你会沮丧；最糟糕的是，当教练做出错误决策时，例如出售一位明星队员，选错出场阵容，选择错误的策略。或许，你觉得自己可以做得更好！

曾经的足球记者威尔·布鲁克斯（Will Brooks）就是这样一位体育迷，他决定采取行动。2007 年 4 月，他创建了一个网站，简称 MyFC，目标是招募足够多的志同道合的人，然后他们集资组建俱乐部并组建自己的球队。这样一来，他们就可以发号施令了。

截至 2007 年 8 月，该网站拥有超过 1.2 万名会员（会费 35 英镑 / 人），筹资超过 50 万英镑。这让布鲁克斯得以推进将事业至第二阶段——与 6 家英国足球俱乐部进行公开谈判（这些俱乐部都面临不同程度的财务困难）。截至 2008 年 1 月，布鲁克斯与伦敦东北部的一支低级别联盟俱乐部——艾贝斯费特队（Ebbsfleet United）达成了一项交易。他问会员是否希望达成这项交易：2.1 万名来自 70 个国家和地区的会员中，有 96% 的人表示同意。交易完成后，MyFC 以 63.5 万英镑的投资骄傲地成为艾贝斯费特队的所有者[1]。

MyFC 会员为有望直接参与球队管理感到欣喜。艾贝斯费特队的教练，利亚姆·戴什（Liam Daish）对这项交易也持同样积极的态度："作为一名教练，我很期待这次挑战，与数千位会员一起打造一支常胜球队。”

95% 的会员投票通过之后，MyFC 会员很快确认了戴什的转会目标（他想要购买的球员）。但当涉及 MyFC 会员是否应该选择首发阵容这个棘手的问题时，少数人选择将决定权交给戴什。这一做法帮助俱乐部一路过关斩将，并获得 2008 年 5 月英格兰足球锦标赛总冠军，但是，这与最初的计划相比有了相当大的变化。这个问题在网络论坛上引起了广泛的讨论，有会员表示：“从实践的角度来看，我认为应该由管理人员挑选队员……球迷投票的做法是不错，但是最终应该由管理人员决定……”会员们继续就重要问题进行投票，比如耐克的赞助协议，以及是否出售俱乐部的最佳球员等，但是，他们最终决定将日常决策权留给教练。

即使英格兰足球锦标赛的总冠军奖杯还在陈列柜里，俱乐部的前景也不明朗。MyFC 会员最初参与球队管理的热情消退，许多会员选择退出。截至 2010 年，该俱乐部会员已从 3.2 万人下降至 4000 人左右，艾贝斯费特队不得不再次寻找新的资金来源。[2]

MyFC 是集体智慧发挥作用的绝佳例子。集体智慧是指一大群拥有不同观点的个人聚在一起做出的决定，它常常优于单个专家做出的决定。有很多例子阐释了这一原则，但是，这种决策方式所涉及的紧张关系很少表现得如此明显。

这里有两个要点值得强调。第一，很多人都有自己的观点，但不是每个人的观点都有相同的价值。虽然“大众”对每周一次挑选艾贝斯费特队首发阵容的事情感到兴奋，值得称赞的是，他们意识到自己实际上并不具备做出这种判断的详细信息知识，因此，他们将决策权交给了教练利亚姆 · 戴什。

第二，在最初参与球队管理的热情消退后，大众的参与度迅速下降。关于戴什是否应该挑选首发队员这一关键决定，只获得了 492 份投票。这一数字从巅峰时的 3.2 万降至 2009 年 2 月的 9500 人，2010 年更少，不到 4000 人。这在众包活动中并不罕见：人们喜欢把自己的观点付诸实践、喜欢参与新项目，但在最初的热情消退后，人们常常会将注意力转向其他事务。虽然 MyFC 比许多类似的案例做得好很多，但仍有一个问题亟待解决：是否需要维持一个数量，以实现其目标。

在本章，我们把集体智慧原则放在传统金字塔体系的反面来检验。金字塔体系可能是最古老的管理原则。与以前一样，我们会考察管理者在制定和沟通决策时如何运用这两种原则，以及它们的优缺点。与本书讨论的其他一些概念不同，集体智慧很好理解，也非常流行。这就是为什么我们要以一个相当批判的态度来看待：我们不希望因为它是一种新趋势，就想当然地认为基于群体的决策必然优于传统的金字塔体系。事实上，这就是为什么本章以 MyFC 的故事及其传递出的模糊信息作为开头。作为一种可替代的管理原则，集体智慧具有相当大的潜力，但它也有很大的局限性。

何谓金字塔体系

金字塔体系直接给予管理者制定决策权，并赋予他们对其下属的合法权威。这种权利属于管理者，因为金字塔体系的根本假设是，高层拥有更丰富的经验和更高的智慧。正如我们在第 3 章所讲的，金字塔体系在日常使用中经常与官僚体系互换，但严格来讲，金字塔体系只是官僚体系的一个元素。我们把这部分单独拿出来讲是因为这有助于我们抓住纵向管理中的张力（它与官僚体系相反，官僚体系是关于横向管理的）。本章我们将透过金字塔体系检验管理的两个关键活动——制定决策和与员工沟通。

有趣的是，金字塔体系极少有合适的定义。对许多人来说，这是商业世界以及其他类型社会体系中的一个核心特征，根本无须定义。但是在这里，一些精确的描述是有用的。在其最基本的形式中，金字塔体系是指按照某种顺序或结构把一个总体分成几个部分。但是在商业环境中，金字塔体系成为一种拥有 3 个重叠元素的多层次概念：职位金字塔（某人对他人的权威源于他的职位）、知识金字塔（顶层人员拥有更丰富的知识）和行动金字塔（顶层人员采取的行动决定了下层人员采取的行动）。[3] 传统上，所有这些都是完全挂钩的，顶层人员既是最博学的人，也是行动的驱动者。当然，如今的现实是知识遍布整个公司（并且超出了它的边界），员工也经常被鼓励在其日常工作职责之外更加积极、主动地行动。所有这些都使我们传统的等级概念不如过去那么有效。

现在，在进一步探讨这个话题之前我们需要清楚地知道，在某种程度上，金字塔体系是大公司运转的绝对必要条件。尽管最近几十年的趋势是企业纷纷推迟上市，并把决策权向下放至一线人员，但这一流程能走多远也是有限的。我们在前文 MyFC 和奥迪康的案例中看到，激进的权力下放决策试验通常以某种形式的官僚体系的死灰复燃结束。MyFC 的成员给予教练挑选队员的权利。奥迪康再次引入一个中央委员会，让其决定哪些项目继续，哪些项目中止。纵观整个世界，不管是 Linux 编程运动的结构，还是非洲大草原灵长类动物自我组织的方式，我们都能从中看到某种类型的金字塔体系。

确实，一些管理理论家在捍卫金字塔体系方面走得更远。斯坦福大学教授哈罗德·莱维特（Harold Leavitt）曾就金字塔体系的“必然性”进行了深度分析。他认为“金字塔体系就是精神上的磁石，它吸引着无数追求成就的男男女女。金字塔体系给予我们获得成就、权力、地位和财富的机会，也是处理复杂问题的利器。”[4] 加拿大管理理论家埃利奥特·杰奎斯（Elliott Jaques）简洁地概括道，“金字塔体系是大组织完成工作的最佳结构”，并且“只要结构合适，金字塔体系就能够释放能量和创造力，并使生产力合理化”。[5]

即使他们辩解金字塔体系是一种概念，但杰奎斯和莱维特都承认它仍会产生问题，很大程度上是因为使用不当。金字塔体系最大的问题是什么？

- **金字塔体系假设老板总是知道得最清楚**。它混淆了个人在组织结构图上的职位与其知识含量。有时这个假设是正确的，但通常是错误的，因此决策通常是由那些不完全了解情况的人做出的，而其他有贡献的人却被忽视了。
- **信息不会在层级之间自由流通**。在金字塔体系中，高管们在向级别比自己低的人披露敏感信息时持谨慎态度，而下属对要向他们老板说什么也持谨慎态度，生怕传递出错误的信息。这种糟糕的信息流常常导致高管们做出错误的决定，还会产生一种普遍的不信任的关系。
- **很少有管理者赋予他们下属工作真正的价值**。或许是因为金字塔体系有着太多的层级，管理人员通常会干涉他们下属的工作，并“窃取”他们的决策。当然，这自然会使下属感到挫败，使其对工作不再抱有幻想。

还有一些相关问题，比如缓慢的决策过程、缺乏责任感等，但是这些问题更容易被划分为官僚体系的问题，如同我们在前一章讨论的。上述 3 个问题涉及的范围更窄，它们是绝大多数大型企业现有等级关系的直接结果。

金字塔体系思维占据主导的结果就是，大型组织内部已经浮现的流程（从战略规划到资源配置再到职业规划）全都建立在一个推测之上，即金字塔顶端的人具有的专长和智慧使他们能够代表整个组织制定决策。但是，这个推测并不总是正确的，所以有许多公司尝试使用不同的方法运用员工的集体智慧。

集体智慧

作为一种替代原则，集体智慧是指在特定条件下，集合众人专长所得到的预测和决定，这比一小群专家的更准确、更好。

集体智慧原则有着一个与之相关的研究机构，[6]它启发了兰德机构（Rand Institute）有名的德尔菲法（Delphi Method），并影响了股市设计、事故预防和选举结果预测等诸多事情。最近几年，这一概念越来越流行，涌现了许多畅销书，如《聪明的暴民》(*Smart Mobs*)、《众包》(*Crowdsourcing*)、《维基经济学》(*Wikinomics*)和《群体智慧》(*The Wisdom of Crowds*)等。[7]当然，有许多强大的证据证明了它的力量，比如稍早前提到的维基解密或Linux这样的大规模协作项目，以及之后会进一步讨论的InnoCentive和宝洁（Procter & Gamble）的联发模式（Connect + Develop）。

作为一种组织原则，尽管集体智慧确实具有巨大的潜力，但是它对管理学的影响迄今还没有很好地体现出来。例如，思考一下Web 2.0的协作体系是如何与大公司的金字塔体系和平共处的。加里·哈默尔曾表示这两个世界需要更好地整合："在互联网加速前进的社会变革中，我相信你可以瞥见管理的未来……在许多方面，互联网就是新的管理技术。"[8]但是，即使哈默尔是对的，在集体智慧原则深深扎根于大公司管理工作的路上，我们还有一段很长的路要走。

在本章中，我们将讲述一些管理人员已经尝试过的试验，他们曾试图把集体智慧原则融入每天的工作中。有些试验效果不错，其他则不然，我们会讨论成败的原因所在。

为了搭建本章的结构，我们考虑了4种不同的管理任务，并研究了管理人员如何把金字塔体系原则与集体智慧原则结合使用以更有效地完成工作。这4项任务是：①与下属沟通；②征求下属对决策的意见；③让下属解决问题和创新；

④利用外部信息改进决策。图 4-1 阐释了这 4 项任务与金字塔体系原则和集体智慧原则的相对关系。如同图 3-1，这张图暗示两个原则有一部分互相冲突，有一部分互相补充。换句话说，大公司需要某种程度的金字塔体系，但它们也将受益于集体智慧原则更广泛的运用。一般来讲，管理者通常采用的最有效的决策和沟通方式是将这两种原则结合起来使用。

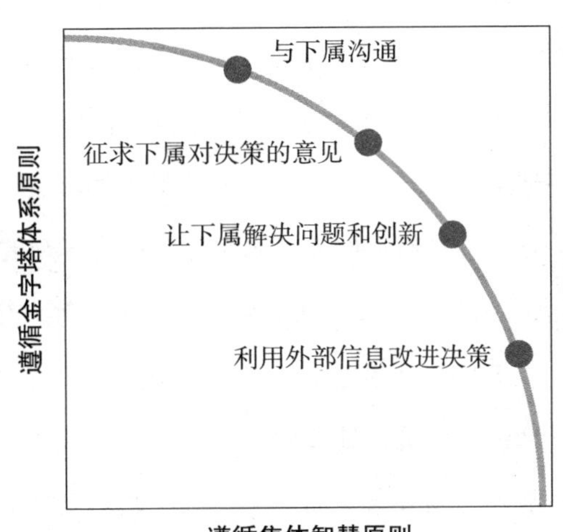

图 4–1　决策图谱：比较不同活动的框架

与下属沟通

常言道，在日常工作中，高级管理人员的一项关键任务就是沟通。“你不沟通，就是过度沟通”，这是 ABB 工程公司原首席执行官佩尔西·巴列维（Percy Barnevik）最喜欢说的一句话。但很少有公司能成功地将其传播策略做好。在告诉谁、什么时候、通过什么媒体等方面，人们经常会犯错误。但是，在本章中，我更关注的是，绝大多数公司的沟通是单向的，且无效的。你永远无法知道董事会成员在做出决定之前正反双方的辩论，你永远也不知道为什么有些事情会错得离谱，相反的或相异的意见被剔除出官方记录。

坦白地讲，这并没有太大的意义。到最后，企业沟通更像是发表于20世纪80年代《真理报》（*Pravda*）上的一篇文章，而非你在西方报纸上看到的内容。结果是完全可以预测的。工厂关闭这样的“坏消息”就是典型的例子。公司会发布新闻稿，与此同时（或者有时在之前），谣言制造者会对事件进行非官方的描述，并在这一过程中把事情变得更糟糕；愤恨的员工们就会聚在咖啡机旁，对他们的上司冷嘲热讽，并且想知道他们为什么不能获得更客观的消息。

互联网夸大了这种“谣言工厂”的严重性和波及范围。首先是出现各种反公司的网站，它们成为愤怒的员工和愤愤不平的客户宣泄不满的便捷论坛。之后，个人博客的兴起更是给了个人更多地按照自己的方式述说故事的权利。第一波博客潮来自对公司极其不满的局外人，内部人士很快紧随其后——公司员工会把自己编造的情节加入官方故事，且常常不顾及公司礼节。我们也看到大众联合起来向公司发起挑战，如2002年环保组织地球之友（Friends of the Earth）发布的“另一份壳牌报告”（The Other Shell Report），这是一份经过谨慎研究但极其片面的关于壳牌企业责任的分析报告，其中的观点来自全世界“生活在壳牌阴影之下的人们”。

所有这些都强调了围绕信息传播和企业沟通模式进行一些真正的创新的必要性。诚实且成熟的沟通所能带来的利益是巨大的，它能刺激富有成效的讨论，产生有用的意义或建议，并降低虚假谣言传播的风险。这样做的风险是最小的，因为真相终将大白。当然，此处也有一些边界，尤其是面临严格信息披露规则的上市公司，但是，从所谈论的内容和说话的方式来看，绝大多数公司不会靠近危险地带。因此，鉴于传统自上而下的沟通方式的明显局限性，有什么替代方式吗？

美国财产保险公司的沟通

美国财产保险公司（Nationwide Property and Casualty Company）首席信息官斯利尼瓦斯·柯石克（Srinivas Koushik）给出了在 Web 2.0 世界一个有效沟通的极好案例。[9] 作为 2400 名分散在各地的员工（总人数 2.3 万）的管理者，柯石克面临如何与这些员工有效沟通的挑战。为此，他和他的团队利用了公司的系统和基础技术设备，但让他感到困惑的是，只有 20%~30％的团队成员投入其中。柯石克自称“伪极客”（closet geek），即最早接纳 Web2. 技术和社交网络，并在网络上投入大量时间的人，他开始意识到网络上的许多内容可以转化为或转变成日常管理实践，前提是“如果我们能找出正确的方法付诸行动”。

于是，2006 年年末，柯石克创建了一个内部管理博客，以开辟沟通渠道。它不是一个制定决策的论坛，但它为人们提供了与柯石克进行双向沟通的机会。博客每两周更新一次，涵盖多个不同的话题，包括从个人观点来看管理等。例如，他曾谈及他的日常生活和职业生涯经历过的变化。个人风格并不属于一种有意识的战略，但逐步形成了，并且变得非常重要。柯石克解释说：“博客开始揭开了高管们的神秘面纱，使他们看起来更有人情味，而不是坐在办公室里的无名氏。它允许人们把自己的想法加入对话之中。”

现在，柯石克每次更新发布一篇博客就有 2000 名左右的独立访客，估计仅约 1200 名来自他的团队，其他访客则来自组织的其他部门。他的每篇博客文章都有 10~40 条评论。

但是，除了与员工沟通，公司走得更远。2007 年，公司参照董事会的模式成立了雇员委员会，想法是让 40 名一线员工每季度参与一次董事会。其中 5 名核心成员已在该委员会任职 3 年，其他成员也任职了 1 年。

关于博客是如何促进沟通的，柯石克这样说道："我们把这些人聚在一起讨论我们的想法。我们把管理团队面临的问题摆在他们面前，并问道'你们怎么解决这些问题？'这种做法真的非常有效。我们对他们所说的一切都持开放态度。'好吧，这是一个创意论坛，有一些创意或许我们不会付诸行动，但我们会告诉你为什么我们不采用这个创意，原因如下。'你会发现他们真正的想法。这样一来，我们也向他们展示了管理人员是如何就日常问题做出决策的。"

雇员委员会面临一个棘手的问题是客户满意度。公司有着成熟的客户满意度考核体系，该体系直接与从一线员工到首席执行官的薪酬挂钩。但是，IT 员工能做些什么才能帮助提升客户满意度呢？当这个问题提交至董事会时，引发了广泛的讨论，重点是让员工为自己设立目标，并陈述他们是如何为公司的成功做出贡献的。

美国财产保险公司的团队还支持使用维基系统打造社区纽带。雇员委员会设有一个维基系统，大约 300 名员工从事敏捷开发模式。"这是一个知识进步的开源概念，我们确实从中获益良多，"柯石克说道。

随着即时通信工具、博客和维基的广泛使用，美国财产保险公司目前正在执行 IBM 一个名叫"连接"（Connections）的技术，可以将它理解为一个内部版的 Facebook。大约 200 名员工设立了自己的账户，将自己标记为某个领域的专家，如建筑、变革管理等。人们可以按名字或专业知识进行搜索，所有这些催生了许多非正式的社区。

柯石克发现美国财产保险公司与其他公司一样，驱动最佳实践和思想领导的传统模式是设立一个卓越中心。但是，他也指出了一些明显矛盾的地方："卓越中心的整体概念与互联网的一切相对，因为互联网没有中心。"在这个以网络为基础的新环境中，他指出，"人们判断你是不是专家基于你知道什么和你贡献了什么，而不是你的头衔，或者你所属的组织，或者诸如此类的任何东西。传统模式则基于命令和控制。我们才刚刚认识到，在这个网络世界里，控制权是虚幻的。你可以加入它、影响它，但无法控制它。”

开放沟通的风险

柯石克在美国财产保险公司的试验是一个很好的广告，它宣传了更紧密协作、更多网络化的沟通模式。但是，遗憾的是，他只是少数派。根据英国的多项研究，多达 2/3 的公司禁止员工在工作时间登录 Facebook 等社交网站。在许多情况下，这是一种下意识的反应，主要原因是考虑到 IT 安全问题。但在与参与研究的管理人员讨论时，它们也会有一些潜在的风险和担忧，有以下 3 个方面值得一提。

第一，认为会丧失控制权。管理人员担心公开讨论重要问题，他们就会被期望按照“大众”的要求去做，即使他们并不认同那样的行动过程。他们也辩解说与重要决定相关的信息都是机密。

这一说法有一定的道理。如果你征求他人的建议但又将其忽略，人们就会非常沮丧，所以你必须谨慎地构建一个决策过程，以确保人们知道自己真正的影响力有多大。当然，公司内部确实有一些真正机密的信息，如果被泄露，将威胁到公司的竞争地位。但绝大多数“机密”信息并不属于这一范畴，而把事情在全公司公开进行讨论才是真正有益的。

柯石克对这个问题的看法是“最糟糕的情况是，你引进了这些技术，但又试图实行老一套的管理实践。你必须调整你的管理方式以发挥这些工具的优势。首先，要承认你没有全部答案，你获得正确答案的唯一方式是利用团队的集体智慧。你已经被训练使用一种特定的管理方式长达 15 年之久，所以改掉一些习惯并非易事。我仍然会告诉自己，‘我知道问题的解决方案；这就是答案。’问问‘你们觉得怎么样？’会得到截然不同的反应，甚至一个更好的解决方案。”

第二，担心会失去影响力。这个论证是这样的：如果员工和我一样拥有对相同信息的访问权，并考虑我所负责的事，我就有丧失企业影响力的风险。虽然这一说法很少用那么多词来表述，但确实是许多管理者潜意识里的担忧。

同样地，有一些事确实如此，但对整个公司而言，失去这样的影响力或许不是坏事。位居金字塔高位的人给了管理人员许多正式的权利，当然权利和影响力也可以从其他更多非正式的渠道获得，比如，通过样貌和个人魅力、对某个问题的深刻见解，以及通过数年建立的人际关系网，等等。这些非正式的影响力来源决定了这个人是否值得追随，使他或她成为一位领导者。因此，如果一个人固执地追求金字塔体系上一个正式的职位，认为这是他影响其他人的唯一途径，那么削弱这个职位的影响力，并让其他人提供重要的决策信息，实际上可能是件好事。

第三，担忧很简单，就是怕浪费时间。许多Y世代员工乐于每天花几个小时在社交网站上，管理人员自然而然就会担心这些员工在工作时间浏览与工作无关的网站。

从表面上看，这确实是一种合理的担忧。但是，深入思考一下，情况就会变得更加复杂。回想一下第1章曾提到的对1000名员工进行的一项研究：[10]超过一半的受访者表示，他们不太可能离开一家鼓励他们参加社交活动的公司。那些声称高度效忠雇主的受访者花在社交活动上的时间可能远多于那些正在搜寻另一份工作的员工。

因此，非正式沟通工具的使用与工作忠诚度之间存在一种重要的关系。如果你管理一个团队，却忽视这种关联，那么你这么做就会面临某种风险。本质上，接纳员工在工作时的社交行为，你就会改变与员工的心理契约，传递出的信息是："我相信你在做正确的事，我会根据你的产出而非投入对你进行评估。"你的队员也会很感激你给予他们的空间，并可能以更多创造性、更有想法的产出来回报你的信任。你的员工还可能会模糊工作与家庭生活的界线——他们在工作中处理社交事务，在家中工作。

那么，职场互动沟通的下一步是什么呢？事实是，也就这样吧。每项新技术都会收到相同的反应：公司曾反对把个人电脑放在员工的桌子上，担心他们不会完成工作；100 年前，是否给员工配专属电话也引发过争论。因此，最好的建议是拥抱新技术，但是要试验性地使用，通过试验和试错找出使它成为有效管理工具的方法。柯石克有意识地选择一个懂技术的团队——他的 IT 队伍开始试验。之后，他的团队意识到他们可以通过拥护将技术运用到管理工作之中的做法，扮演更大范围的公司社区变革推动者的角色。正如柯石克所言，“技术可以成为一个赋能者，并且在这种情况下确实如此。”

征求下属对决策的意见

柯石克最初的试验只是为了更好地与其分散在各地的 IT 员工进行沟通。但是随着时间的推移，这种单向的沟通变成双向的信息流动，并且他也开始从他的团队成员那里获得对重要决策有用的信息。

让我们更深入地看看管理者是如何从他们的下属那里获取信息的。像往常一样，在制定重要决策时，管理者应该考虑员工观点的认知一直都存在。许多公司通过员工大会来征求员工的意见。一些公司已尝试使用结构化的技术，如调查会议和开放空间会议等，从而让更多的人参与到组织内部变革议程的工作中。当然，Web 2.0 的出现让这种事情能以比过去更大的规模进行成为可能。

IBM 的价值观大讨论（Values Jam）

IBM 是首批尝试在全公司范围内在线“大讨论”的公司之一，目的是就重要决策征求员工的意见。[11] 当 IBM 从 20 世纪 90 年代初濒临破产的经历中复苏时，首席执行官彭明盛（Sam Palmisano）实施的一个重大举措便是重新思考公司的价值观。在世通公司（WorldCom）和安然事件爆发之后，彭明盛号召公司全体员工重新思考并定义公司到底代表着什么。追溯至 1914 年，托马斯·沃森（Thomas Watson）第一次阐述了公司的“基本信念”：尊重员工、最佳的客户服务和追求卓越。但是，它们已经被扭曲到如此严重的程度，以至于实际上正在危及公司的稳定。

对为 IBM 奋斗了大半生的彭明盛来说，价值观是强有力的驱动器。他认为这是在公司文化与管理制度之间、短期交易与长期关系之间，以及股东、员工与客户之间取得平衡。

但是，你如何重新定义公司的价值观呢？ IBM 负责企业沟通的副总裁戴维·杨（David Yaun）说道：“如果一群高管进入一间密闭的房间，抽了无数雪茄，然后把一些诉求合在一起就成为我们的价值观，这是没有意义的。毕竟，安然也有着一套价值观。”真正有意义的价值观必须来自于群众。

幸运的是，IBM 一直在开发一种技术，这种技术能让所有员工都参与到这个过程中。1996 年秋天，IBM 率先启动了公司内联网，这是一个基于互联网的内部网络。年度员工调查显示，内联网成为一个非常值得信任的信息渠道：截至 2000 年，它已与员工紧密地联系在一起成为一个信息源，到了 2001 年，其信任度高于管理人员和员工，创造了一个全新的转型干预平台。每天，33.5 万 IBM 人中有 27.5 万 ~28.0 万人访问公司内联网。

于是，IBM 想出了在全公司范围内进行现场对话（即大讨论）或即兴表演的主意，这一活动的灵感来自爵士乐手们聚在一起即兴演奏，并即兴创作全新音乐体验的做法。首次 IBM 大讨论始于 20 世纪 90 年代末，并于 2001 年实现数字化，借助公司内联网，所有员工都能参与其中。

2003 年的价值观大讨论在企业沟通团队的组织下很快成形。焦点小组通过多项调查得出 4 个概念，经过谨慎筛选后确定了这次讨论的主要议题。价值观讨论以 3 个拟议的价值观为核心：对客户信守承诺、创新实现卓越和诚实赢得信任。4 个论坛议题为这次讨论提供了框架。第一个议题提到了这样的问题，即公司应该是什么样子的，以及如果真的按照其信念行动，公司会如何表现。第二个议题检验了 IBM 必需的价值观。第三个议题是公司的影响力，这个议题看起来范围更大。最后，即第四个议题为“黄金标准”的论坛，讨论了 IBM 在其鼎盛时期的所作所为。

鉴于这些问题都富有挑战性，且新老员工都参与其中，所以整个讨论并非一帆风顺也就不足为奇了。虽然有大量冷嘲热讽和负面的评论，但是活动组织者很快达成一致意见，既不会审查任何评论，也不会删除任何观点，除非违反公司的商业行为准则。在价值观大讨论开始第八个小时后，一位高层人士曾急于叫停讨论。但彭明盛不同意，决定让论坛继续下去。接下来几天，更多的观点涌现了出来。

整个大讨论持续了 72 小时。在这段时间里，5 万名员工参与了公司价值观的在线讨论，内联网上有 1 万条左右的评论。

价值观大讨论结束后，数千条评论和想法被收集起来。2003 年 11 月，IBM 的新价值观揭晓，当然是通过公司的内联网公布的。新的价值观是：致力于每一位客户的成功；为我们公司和世界创新；在所有关系中建立信任和个人责任感。这些价值观被收录到《我们的工作价值》（*Our Values at Work*），连同在价值观大讨论中发表的评论也被收录其中。IBM 除了声称支持这些价值观，还形成一种非常普遍的认知：IBM 不是 IBM 人想要的那种公司了。“他们说，‘成为这样的公司固然不错，但我们还不是’，”威恩（Wing）说道，“但是，正如彭明盛所说，如果你是期望一位推动变革的 CEO，那么这种价值观就是天赐之物。”

所以，为了达成上述目标，一年后又进行了一场大讨论，旨在推动人们把自己的价值观融入生活。更多的 IBM 人为公司提供了成千上万条关于如何缩小现实与理想之间的差距的建议。结果，IBM 投资数千万美元，基于 35 个改变主要流程、程序和政策的特定想法部署了不同的程序。对价值观大讨论和随后的行动来说，重要的是讨论技术和方法并非一件哗众取宠的一次性事件。实际上，大讨论现已成为 IBM 内部管理体系的一个重要组成部分，一个推动变革的载体。

其他获得决策信息的方法

绝大多数公司无须像 IBM 价值大讨论那样大动干戈。但是，创造性地思考如何从组织的不同部门获得信息并付诸行动仍是很重要的。

- 印度 IT 服务公司印孚瑟斯（Infosys）在 20 世纪 90 年代初推出了一个名为“青年之声”（Voice of Youth）的计划。在集团主席纳拉扬·穆尔蒂（Narayan Murthy）的带领下，公司决定挑选五六位 30 岁以下具有很高潜质的管理人员轮流进入公司领导人“委员会”，并让他们在公司年度规划会议上发表自己的想法和见解。这一举措有助于高层管理人员在飞速发展的 IT 世界里掌握最新的思想，并更好地把握公司发展的脉搏。[12]
- 20 世纪 90 年代末，石油巨头英国石油公司（BP）开始招募第一批 Y 世代员工。英国石油公司的高管们没有强迫他们遵从，也没有冒着疏远他们的风险，而是实施了一个名为“点燃”（Ignite）的计划。该计划要求这组 20~30 岁的员工对公司可能进行的战略和组织变革集思广益。通过全权授权这些年轻人按照他们的方式实现目标，高管们赢得了 Y 世代员工的信任，并获得了这些员工对未来职场提出的一些有用的新见解。[13]

从下属那儿获得决策信息的风险与利益

这种流程带来的利益显而易见：当这种流程运转良好时，公司将以更高质量的洞察力作为决策的基础，并对员工所选择的行动方案做出更大的承诺。

为什么我们没有看到更多类似的情况？我们在前文中谈到过一些对管理者的威胁——担忧失去控制权和影响力，害怕员工消磨时间而没有真正完成工作。所有这些担忧在这里也存在。但是，有以下 3 点值得强调。

第一，构建获取员工信息过程的机会成本非常高。IBM 对价值观大讨论的直接投资高达数百万美元，当然，员工为此花费的时间更是加大了机会成本。另外，这些都不是高层人员可以授权其他人进行的活动，它们之所以奏效，是因为员工感觉到他们正受到来自金字塔体系顶层的关注。印孚瑟斯和英国石油公司的案例执行成本都相当低，但两个案例都需要 CEO 及其管理团队的积极参与。

第二，反馈的质量与所提问题的清晰度具有直接的关联。对运作价值观大讨论的 IBM 团队来说，所有大讨论前期的准备工作成就了一份结构合理的问题总汇报告，这一点意义巨大。虽然员工可以自由地表达自己的观点，但这个过程将他们的想法划分为明确的类别。这使分析所有评论时更加直接；也意味着员工把产出，即新的价值观视作他们参与定义的事物。类似地，印孚瑟斯的“青年之声”计划给了 30 岁以下的年轻人参与讨论一些非常具体的问题的机会。

第三，保持前进的动力并不容易。正如我们在 MyFC 案例中看到的，参与决策的热情会随着时间的流逝而减退。英国石油公司的“点燃”计划只做过一次；印孚瑟斯的“青年之声”也只持续了几年；IBM 明智地决定每年价值观大讨论只进行一次。这些案例突显了管理层与员工之间有趣的互动：员工希望管理层征求他们的意见，但并不是说他们一直会提供意见。因此，作为一位管理者，你不应该试图就所有事情都征询员工的意见，因为他们很快会变得厌倦提供意见。相反，最好是定期征询员工的意见，并且是针对他们真正关心的事。[14]

让下属解决问题和创新

在职场中运用集体智慧的第三种，也是最有野心的方式，就是让员工参与真正的事务：解决棘手的问题，提出新观点，做出艰难的决定。现在，让我们从一开始就清楚地认识到，就某个具体问题寻求方法是一件事，但开放参与的创新过程完全是另一件事。如同我们看到的 MyFC，球迷们通常乐于把实际决策权授予那些最有能力做出决定的人。我们稍后会就构建这种类型的过程给出一些经验规则，但先让我们来思考两个案例。

罗氏诊断公司

创新是罗氏诊断（Roche Diagnostics）这家瑞士制药巨头的命脉，仅在 2008 年，该公司就在研发上投入了 88 亿瑞士法郎。“研究中不存在规模经济，研究是观念经济（economy of ideas），”罗氏诊断公司前任首席执行官、现任董事会主席弗朗兹・休谟（Franz Humer）说道。

2008 年 4 月，一个由罗氏诊断公司管理人员组成的跨职能团队被召集在一起，重新审视该公司的创新流程，看看有没有更敏捷的工作方式帮助罗氏诊断公司更有效地利用其知识库。该团队由来自美国、瑞士和德国的成员组成，代表着多个职能领域。

作为 Facebook、维基和其他 Web 2.0 应用的常规用户，团队成员知晓这些应用在协调沟通和联系各地同事上的威力。对罗氏诊断公司和许多其他面临类似问题的公司来说，挑战在于如何让网络真正地发挥作用，并充分发挥它们的潜力。

该团队首先对整个罗氏诊断公司的研发人员进行了一项调查，结果显示他们渴望合作，但存在一些大的障碍，并且员工不知道如何有效合作。正如团队关键成员陶德 · 贝狄里昂（Tod Bedilion）解释的那样："最重要的假设是，通过让更多的人关注这个问题和创建虚拟网络，我们就能够迅速且更有效地解决问题。组织原则是，它们必须是真正的问题，是我们目前实际工作中遇到的问题，且如果它们得以解决，就会产生很大的价值。"贝狄里昂是罗氏诊断公司技术管理部门在加利福尼亚州的负责人。罗氏诊断公司在体外诊断方面处于世界一流水平。

有了对网络力量的信任、一支多学科梦之队和一系列真正棘手的问题，这个团队的下一步工作就是找到一个合适的试验方法。很快，他们便有了主意，要求两组不同的科学家解决相同的问题，如果一组的进展远好于另一组，就有可能提炼出产生这种差异的因素。随后，他们在内部研发社区（如罗氏诊断公司的员工）与外部科学家网络之间搭建了一个简单的对比框架。

内部团队向研发部门的同事们发起挑战，要求他们提供一组真实存在的、当前需要解决的问题，并由此确定了 6 个挑战。2012 年 6 月，这只团队向整个罗氏诊断公司研发部门宣布了这些挑战。到了 11 月，他们已与研发社区逾 2400 名成员建立了联系，大约 1/6 的成员登录在线系统，并阅读了这些挑战的详情。大约 40 份提案浮出水面。虽然许多提案缺乏细节，但还是出现了一个真正的精品——一个适用于便携式仪器节能管理的新颖方案。这个问题真的被一位来自其他职能部门的科学家解决了，但他并未意识到这与挑战有关。贝狄里昂称它为"一个把具有相同利益、从事相同领域工作、试图解决相同问题的人与组织连接在一起，但又完全不知道需要互相请教的优秀案例"。

试验的第二部分是接受外部的挑战。因为涉及成本，团队选择了 6 个挑战中的一个：找到一种更好的方法来评测经过罗氏自动生化分析仪筛选出来的临床样本的质量和数量。多年来，这个问题以不同的形式困扰着所有罗氏诊断公司的研究人员及其外部合作伙伴。

为了管理好邀请外部人士参与罗氏诊断公司研发过程的流程，团队决定与位于马萨诸塞州沃尔瑟姆（Waltham，Massachusetts）的InnoCentive合作。InnoCentive成立于2001年，自称是“世界上第一个开放的创新市场”。它是一个全球性的互联网社区，能够把科学家、工程师、教授和企业家集合在一起，它曾为宝洁（Procter & Gamble）、礼来（Eli Lilly）、索尔维（Solvay）和其他公司提出的问题提供解决方案，平均成功率高达40%。InnoCentive的网络上大约有16万被称作“问题解决者”的人。任何人都可以是问题解决者，并匿名提出自己的想法。他们只需打开网站、登录，并同意有关条款和细则。这些想法建议可能来自任何地方——可能是一位20岁的化学博士、一名研究生或一位受过科学训练的家庭主妇，如此庞大的数字也提升了得出正确解决方案的概率。

InnoCentive自称平均成功率高达40%，正如贝狄里昂所说，“它对处理知识产权的机制非常敏感。如果没有一个非常周全的方案处理所有类型的知识产权纠纷，这种做法就是不可行的。我们与InnoCentive合作，对提案进行改进。”如果有人提供解决方案，则获得2000美元的奖励。

罗氏诊断公司的挑战被发布在InnoCentive的网站上，两个月里有约1000的阅读量，最终收到了来自世界各地的113个提案。提案的质量和数量都让贝狄里昂和他的团队大吃一惊。与他们从内部网络得到的不同，许多提案都厚达几十页，一些提案源自试验，一些还附有图解，还有许多设计图。最重要的是，这些提案有了结果，这个由活跃在InnoCentive网络上的人提交的解决方案真正地解决了问题。

IBM创新大讨论

第二个案例是IBM在2006年夏天举办的创新大讨论。基于价值观大讨论的成功，彭明盛决定采用相同的方法启动一个全公司范围内的创新项目。讨论的议题扩大至主流市场趋势和内部想法。戴维·杨描绘了这样的愿景："拿出最顶尖的业务，以一种简单的方式来描述它们，并把它们置于当前世界格局的背景之下，不仅邀请 IBM 人，还邀请客户和商业伙伴。最后，我们还决定邀请员工的家庭成员。"这次大讨论的新颖之处在于，公司第一次寻求借助大众知识库一起打造具体的商业解决方案创新中心。

创新大论坛很快举行，但非常谨慎。2006 年 7 月举行的第一阶段围绕 4 个主题展开，如"去哪儿"，每个主题都附有多个具体的问题（例如，我们如何缓解交通拥堵的情况？我们如何使沟通更有趣？）。为了鼓励更广泛的参与，所有议题都站在用户的角度设计，因此参与者可以轻松地将现实生活中的经历联系起来，并讨论其专长以外的话题。在 72 小时的创新大讨论中，一组知识渊博的员工被要求实时整理、分类、记录以使讨论连贯起来，并额外突出那些最令人兴奋的想法。大约有 5.7 万人参与此次大讨论，发表评论 3 万条。

72 小时结束后，第二阶段开始了。由 50~60 名 IBM 研究人员组成的团队对大量数据进行分类整理，并挑选出 31 条核心建议。例如，有一条关于使用"托管个人内容储存装置"的可能性的建议。每一条建议都被提炼成一个基本的商业案例，在第二个 72 小时结束后，即 9 月，大门再次敞开。提出建议的人被要求完善提案，并从商业影响力、市场进入情况和社会价值方面对每个提案进行评级。这一轮大约得到 9000 份提案。

第三阶段是内部团队对这 9000 份提案进行分类整理，并围绕 IBM 有望投资的关键点把这些提案具体化。2006 年 11 月，IBM 邀请 6000 名员工在北京参加全球员工大会，彭明盛在会议上公布了结果。中选提案包括智能医疗支付系统、实时翻译服务、面向大众的无网点银行业务，以及与其他组织合作建设"3D 网络"等。

从这两个案例中获得的见解

如你所见，这两个案例截然不同。罗氏诊断公司采用的是一个焦点非常集中的方法，要求参与者解决具体的技术问题；IBM 则采用一种更散漫的方式，列出 4 个主题，要求参与者给出新的建议，并围绕这些主题完善现有的做法。但是，显而易见的是，两个案例都旨在利用大众的集体智慧实现增值。那么，这两家公司从它们的经验中学到了什么呢？

首先，参与者不太擅长通过在线论坛合作。IBM 的大讨论拥有非常高的参与度，但在很大程度上，人们希望为自己的想法搭建一个平台，而不是追求一个集体活动。正如一位论坛主持人注意到的，“在面对面的会议中，你可能会有一块画板，你可以在它上面写下你的想法，作为对某个具体主题的提醒。但在这里不可行，而且很难让人跟进。8 小时睡眠之后，你又回到了论坛，你说不出这些想法的灵感从何而来。”[15] 最终的结果是，IBM 许多新兴的想法受到肯定，但真正全新的想法少之又少。当然，要想让成千上万条评论有意义，需要做大量的幕后工作。相比之下，罗氏诊断公司不要求参与者进行合作，而且关注的问题取得了非常集中的反馈。

更直白的说法是，在线论坛并不适合促进真正有创造性的流程。创造力通常包括离散阶段和收敛阶段：离散阶段是指抛出疯狂想法的阶段，收敛阶段是指分类并关注这些想法的阶段。在线论坛在离散阶段的效果更好。举一个极端的例子，位于英国莱斯特的德蒙福特大学（De Montfort University）的一组研究人员尝试撰写一部维基小说。他们证实了自己的怀疑，即这件事不可能完成，故事很快演变成一系列互相关联的次要情节，每一个情节都有新的角色和新的地址出现，没有人承担把故事拼凑完整的责任。

其次，绝大多数公司蕴藏着巨大的、未开发的创新潜力。罗氏诊断公司的经历表明，接触那些能为你做出贡献的人有多难，他们为你所做的贡献就有多珍贵。“如果只有罗氏知道罗氏知道的”是一句老话，陶德·贝狄里昂和他团队的经历再次验证了这句话所蕴含的真理。贝狄里昂承认“内部互联网论坛蕴藏着巨大的价值。我们只是不知道怎么利用它”。这次试验之后，他和他的同事有了新的任务，即寻找一种更好的方法以充分利用研发部门未开发的潜力，包括激励机制、应该关注的问题的种类和范围以及如何询问。

最后，两个案例都表明：利用公司边界之外的集体智慧具有巨大价值。罗氏诊断公司的经历最具说服力。正如贝狄里昂所说：“如果我要在两天的时间里，在一间房间里召集 10 个人进行关脑风暴，我可能会收到上百张便签，而且花费不菲。若以一个更低的成本，我会在 InnoCentive 上发起挑战，最后，我会收到一个完整的笔记本，里面记录着 113 个独立且详细的提案。”外部网络兼具强大的激励能量和丰富的知识。“很显然，他们有经济上的动机，它在这里起到了一定的作用。但我们认为，还有更多的原因，例如人们似乎通过在社区分享他们的专长实现了其内在价值，”贝狄里昂说道。IBM 与外部参与者合作的经历就没有那么明显，但毫无疑问，它为创新大讨论的成功做出了重要贡献。然而，这基于完全不同的基础，IBM 明确表示，所有对创新大讨论的贡献都将免费提供给 IBM 和第三方，供它们根据自己的需要使用。这引发了许多涉及机密和知识产权的重要问题，我们将在本章的最后一节进一步讨论。

利用外部信息改进决策

如果不深入地讨论公司如何利用外部资源提高它们的决策能力和创新能力，本章的内容就不能算完整。今天，我们通常称之为开放式创新，当然，这种模式经历了一段漫长的历程：数十年来，公司一直在尝试各种方法以利用外部的专业知识，比如通过网络联盟机制，与大学建立合作关系，雇用猎头，以及成立合资公司，等等。但是，Web 2.0 的兴起极大地增加了公司从此类关系中获得的好处，因为通过网络联系到的人的数量是非常庞大的。因此，本小节的重点集中在如何通过网络流程更好地利用外部信息。

获得高质量的客户信息

公司如何才能从客户那里获得更高质量和更及时的反馈？作为消费者，我们总是被要求填写调查问卷，或者接到陌生人打来的电话，询问我们对最近购买商品的评价。这些都是不错的获得客户反馈的方法，但在处理收集到的数据时难免会出现延迟，而且反馈效果极其依赖于调查设计者提出正确问题的能力。最近，许多公司开始借助社交网站获得其产品信息并提升客户参与度，比如，让消费者对一项计划中的广告活动进行投票。但是，这是一种冒险的做法：当我们使用 Facebook 或者 MySpace 时，大多数人都有一种内在的厌恶情绪，不愿意被广告和问卷调查狂轰滥炸。

印度企业家坎南（P.V. Kannan）在加利福尼亚州创建了一家客户生命周期服务公司，名为“247 消费者”（247 Customer），该公司启动了一项有趣的新模式。这项名为“24/7 推文视点”（24/7 Tweetview）的服务充分地利用了新兴的社交网站推特（Twitter）。在写这篇文章时，每天大约有 4000 万人发布只限 132 个字符的短推文，内容关乎他们的所思所想。该公司把这一巨量数据进行筛选，挑出所有提及公司名字的推文。然后，它们借助先进的文本挖掘软件和情绪分析软件分析这些推文，并向订阅服务的公司提供近乎实时的报告。例如，2010 年 8 月每天大约有 2000 条推文提到 AT&T。绝大多数推文都是负面的评论（“今天下午浪费了 2 小时与 AT&T 通话，只是为了改正一个账单上的错误”），偶尔也会出现一些正面的评论。通过推文视点的分类，AT&T 的管理者可以知晓消费者所发推文涉及什么样的问题，他们对其产品和服务的感受如何，他们位于何处，以及这些推文是如何及何时发送的。

每个信息渠道都有其局限性，推文也不例外，它们代表了一种特殊的沟通形式，且主要由年轻人发送。尽管存在这些问题，但作为实时的消息来源，且客户可以匿名发布对产品和服务的感受，“24/7 推文视点”有着明显的优势。对坎南来说，“24/7 推文视点”也只是触及了客户与消费者之间重要动态变化的表面。“对社交网络持怀疑态度的人会说，‘我们如何才能利用这项技术更好地推广我们的产品呢？’对社交网络持肯定态度的人会说，‘我们想让客户在任何事情上都有发言权；我们希望他们加入我们的决策过程，我们也正在寻找能做到这一点的方法’。”

利用非员工的聪明才智

罗氏诊断公司解决问题的试验阐释了开放式创新社区（如 InnoCentive）的力量，它们充分地调动了全球各地的科学家发挥自己专长的积极性。另一个有名的同一模式案例来自宝洁公司的“联发”（Connect and Develop）模式。[17] 宝洁首席执行官雷富礼（A.G. Lafley）曾表示，公司 50% 的创新都来自公司之外，在此基础上，宝洁公司建立了一个外部联系网络以弥补内部研发人员的不足。联发模式和开放式创新社区都属于问题驱动型社区的案例，即社区成员被动员起来去解决某个非常具体的问题。

相比之下，IBM 的创新大讨论更加开放，它要求社区参与一个定义非常广泛的挑战。2007 年，思科（Cisco）也采用了类似的方法，宣布举行一个名为“我奖励”（I Prize）的外部创新竞赛，寻找一个能为公司带来数十亿美元新业务的创意。与 IBM 一样，思科也建立了一套非常严谨的流程，用于记录、评估和开发所提出的创意。它还对谁将拥有所提创意的知识产权制定了非常明晰的规定。获奖项目是一个基于传感器的智能电网计划，该计划的策划人获得了思科给出的25 万美元的奖励。所有其他参赛者都被允许保留自己的知识产权。[17]

源于这些案例的见解

有效地利用外部网络涉及许多实践方面的挑战。在这里，我们将聚焦两个最大的挑战。

第一，社区的规模至关重要。TopCoder（参见第 8 章）和宝洁公司都建立了自己的社区，但这个过程均花费了 5 年的时间。每一个被讨论的成功社区背后都有 10 个未能积聚大量用户的社区。这就是为什么许多公司（罗氏）选择进入像 InnoCentive 这样的商业化社区，而不是自己打造。247 Customer 之所以选择与推特合作，是因为推特提供了一个大型的且不断增长的社区接口。换句话说，建立自己的社区是一个既昂贵又有风险的提议。

第二，你需要一个明晰且稳定地拥有知识产权的方法。当今世界存在两种共存的观点：绝大多数网络初创公司，如 Linux、Mozilla 和维基百科等都签署了通用公共许可协议（General Public License），即著作权，此举确保当产品内容发生变化时，公司仍拥有使用权。包括苹果、宝洁和思科等公司在内的绝大多数成熟公司仍遵循传统的版权形式，即某个产品的归属权属于某个人或某家公司。一家传统型公司在向开放式创新世界转变时面临的一个挑战是：你不可能在同一时间玩两场游戏，如果你要求社区参与新项目，但你仍保留自己的想法，那么这个社区很快就会感觉不对劲。

IBM 在启动其创新大讨论时就不得不面对这个问题。虽然一些员工表示将保留对大讨论期间所发表观点的所有权，但是他们很快意识到，这样做，他们不会得到任何有价值的外部资源。因此，他们选择把公共产权作为讨论的主题。如同 IBM 研究部门负责沟通的副主席艾德·比万（Ed Bevan）解释的，“创新大讨论是按照一个开放性论坛来建立的，因此任何人都可以采纳并使用所有想法。我们也感觉到这样做会承担一些风险，这或许意味着我们的客户在参与讨论时比我们期望得更安静。但是，重要的是使这个讨论真正地做到全方位的开放。”实际上，第三阶段才是 IBM 涉及知识产权的重点。

向外界公开它们的创新过程是一个冒险的提议吗？战略沟通部门的副总裁迈克·威恩（Mike Wing）说道：“我敢打赌，IBM 拥有足够的多样化和专业知识，我们可以先于竞争对手将这些提案商业化。事实上，再也没有谁能成为罗马帝国。我们生活在一个开放创新的年代。”对 IBM 和许多其他公司而言，这些类型的举措是有风险的，因为你把你的想法暴露给了其他人，或许赌一把可以抢占竞争先机，因为你能更快或更有效地付诸实践。

一些摘要

人们很容易沉迷于众包和社交网络这两个令人兴奋的新世界，并相信职场不再是以前的样子。我的目的是，在 Web 2.0 为我们提供的机会与困扰大型组织的管理实践之间找到某种程度的平衡。这意味着要认识到这些新的工作方式的优点和缺点，并辨别它们适用的条件。为了把这一章串起来，我在这里给出一些摘要。

首先，金字塔体系不会消失。大型企业仍将是商业生态的一个重要组成部分，且大型企业需要一定程度的金字塔体系才能运转。这一说法最有力的证据就是，当一个企业以一种单纯的有机形式创立时，通常会伴随大量反对等级制度的言论，随着时间的流逝，就会建立起自己的金字塔体系。这就是 Linux 的情况，今天，Linux 自称是一个运转良好的金字塔体系。MyFC 也是这样，决策权很快交回给最有能力做出决定的人。

其次，集体智慧被高估了。我不想否认，利用群众的智慧是有价值的。但是，鉴于当前有关这个概念的一切被夸大了，我宁愿持一个怀疑的态度，并关注其弱点和局限性。具体包括以下内容：

- 大众擅长向结构良好的问题提出意见和建议，为受到关注的问题提供答案，但非常不擅长推动开放式的讨论。
- 大众喜欢为决策发表看法，但鲜少拥有真正做出决定所需的技能和意愿。
- 大众是变化无常的，有时候会走向错误的方向，这时的集体智慧就会变成集体愚笨。

当然，每一个缺点都对应一个优点，这说明在许多情况下使用集体智慧是件好事。但是，我们要更全面地思考我们应该什么时候做和怎么做。

最后，集体智慧的利用需要许多富有经验的管理者在思维方式上发生重大转变。从个人层面看，管理者必须面对可能丧失的控制权和影响力的局面，而这种局面是随着他们敞开胸怀接纳员工的观点而产生的。从公司层面看，管理者必须对提供给他们的信息的保密性和知识产权采取更开放的态度。正如本章给出的案例，一些公司在尝试新方法时取得了成功，但许多公司仍不愿意迈出这一步。

至于其他维度，把框架左侧（在这里是指金字塔体系）看作一个应被挑战的旧的工作方式是很有吸引力的。但是，这不是一个正确的解释。管理者总是需要进行判断，并做出艰难的选择。然而，管理者拥有很多重要且有效的方法，这些方法可以让他们更有效地利用员工的集体智慧。

第 4 章　要点

在大型公司里，沟通交流和制定决策的传统原则是金字塔体系：一个人对其他人拥有正式的权威，这主要基于他拥有更丰富的经验和更广阔的视野。替代原则是集体智慧：在特定条件下，聚集很多人的专长所做出的预测和决定比少数专家做出的更精确、更好。

本章描述了 4 个关键的管理任务，以及如何（综合）使用金字塔体系原由和集体智慧原则来更有效地完成这些任务。这四大任务是：与下属沟通；征求下属对决策的意见；让下属解决问题和创新；利用外部信息改进决策。

与第 3 章一样，决策图谱的总体趋势向着集体智慧这一端靠近。这一转变的主要原因是：第一，Web 2.0 技术的可用性日益增强，如分享观点、评估彼此的贡献；第二，职场中 Y 世代员工数量的日益增多。但是，有证据显示，基于集体智慧的决策和创新方法也存在明显的不足，且根据具体情况，介于传统模式与替代模式之间的某种模式可能才是最佳的选择。

与第 3 章一样，作为一名管理者，你的挑战是：①根据你沟通交流和 / 或决策的内容，理解金字塔体系和集体智慧作为根本原则的相对优势；②评估哪种模式最适用于你正在解决的具体管理任务；③构想并尝试建立在你所偏好的原则之上的新实践。

第 5 章

设立目标：从一致性到迂回

5

在第 2 章的开篇，你见到了 HCL 科技（HCL Technologies，HCL）的首席执行官维尼特·纳亚尔，并了解他是如何转变公司管理模式的，使其更以员工为中心。关于这个案例还有更多的含义，留到这一章展开讨论再好不过了，因为它诠释了设立有意义的且具有创造性的目标所面临的挑战。

时间回到 2006 年 2 月，纳亚尔开始着手我们稍早前讨论过的许多具体的管理创新，包括 360° 全方位反馈和服务—单据系统，他希望在一个公开论坛上陈述他对 HCL 更广泛的愿景。于是，他在印度德里召开了一个为期 3 天的“探索与转型”（Explore and Transform）会议，把客户、分析师和员工聚集在一起。这次会议被宣称为“印度有史以来最大的盛会”，并被视为一个“展示印度和转型后的 HCL 能带来什么”的机会。

在致闭幕词时，纳亚尔引入了“员工第一，客户第二”（Employees First，Customers Second，EFCS）的概念。他首先解释了这个概念将如何指导 HCL 的内部工作。接着，他大胆且明确地表示，HCL 将开始筛选客户希望的业务，甚至会放弃许多小规模、非战略的业务。纳亚尔表示，通过为员工创造一个令人满意的且赋权的工作环境，对客户也将产生非常积极的影响。

不用说，在一大群客户面前这样做是有风险的。一位与会者表示，“EFCS 获得了很好的反应，但如果先与关键客户沟通这个概念，或许会更安全。”[1] 另一位与会者回忆说，现场一些客户表现出了不开心，甚至当场离席。但是，纳亚尔这样做的逻辑是合理的。他本可以说员工和客户同等重要，但是这样一来，他的观点就会被当作陈词滥调忽略掉。相反，他告诉客户，他们不及自己的员工重要，借此向所有 HCL 员工传递出一个非常强烈且积极的信息。4 年之后，EFCS 仍是该公司管理模式的核心。员工满意度不断提高，客户满意度也在不断提高。

EFCS 是一个经典的迂回原则（oblique principle）案例，即间接追求目标通常是实现目标的最佳方法。迂回原则是一种反直觉思考公司发展方向的方式，因此它帮助我们解决了高管们在设定方向时面临的一些老问题。遗憾的是，它也是一个非常特殊且鲜为人知的词语，但我们不应该因此受阻。

在接下来的内容中，我们会对迂回进行更严格的定义，并研究了管理者如何运用这个概念。但是，我们必须先解释我们为什么需要这个概念，以及被广泛采用的一致性原则（principle of alignment）的局限性，两者正好是设立目标的两种对立的原则。

一致性原则的局限性

一致性原则深深扎根于绝大多数商业人士的心灵深处。许多世人皆知的商业实践都基于这一原则，包括目标管理、关键业绩指标和战略规划，等等。还有一些管理理论，如代理理论（agency theory）和权变理论（contingency theory），也是把一致性原则作为理解现代商业企业如何设立目标的方法。很多著作都忠于这个概念，包括罗伯特·卡普兰（Robert Kaplan）和戴维·诺顿（David Norton）的畅销书《组织协同：运用平衡计分卡创造企业合力》（*Alignment: Using the Balanced Scorecard to Create Corporate Synergies*）。[2]

简单来讲，一致性，就是调整一个东西相对于另一个东西的位置。在商业环境里，一致性原则是指所有员工都为了共同目标而努力。卡普兰和诺顿借用赛艇队的比喻描绘了一幅美好的整齐划一的画面——8 位选手齐心协力，像一支离弦的箭一样笔直地从 A 点划到 B 点。赛艇队队员都拥有一个共同的目标，他们是技术娴熟的专业人士，他们像一个团队那样合作，他们知道彼此的强项和弱项。我们从中很容易看出为什么管理者认为一致性概念如此具有吸引力。但是，你只需想想你曾经工作过的公司，你就会意识到这个比喻虽然很具有召唤力，但多少有些误导性，这就是一致性原则存在的 5 个问题。

公司员工通常都拥有截然不同的安排，而且理由充分

以一位在英特尔、索尼或西门子工作的、拥有博士头衔的研究人员为例。是什么让他在早晨起床的？我想应该是扩大知识范围的兴奋感和创造社会变革新技术的可能性。我敢打赌，他的很多时间都用于追求知识本身，而不是参加那些直接以利润为导向的公司活动。因此，如果说他的努力程度与其雇主甚至其他同事完全一样，那简直就是无稽之谈。大型科技公司能够理解并接受这一点，且这些公司知道如果对顶尖研究人员施加过多的限制，就无法吸引这些人。

评估和激励都是钝器

一致性原则假设高管们会设立清晰的且可量化的目标，以确保每个部门都能为公司的总体目标做出积极的贡献，并且每个部门可以通过一套**关键业绩指标**（Key Performance Indicator，KPI）把这些目标串联起来。但是，我们都知道设立真正有效的 KPI 有多难，特别是那些要求员工表现出创造力和主动性的指标。上述那位研究人员如何才能证明，他为之努力了多年的新技术（或许永远都不会有一个商业化的产品）正在为公司的盈利做出贡献呢？

短期目标排挤长期目标

在资本主义制度中，为了实现季度盈利目标（很大程度上是为了让股东满意）背负的压力是巨大的，这些压力常常导致公司去做一些与其长期愿景不一致的事情。真正的一致（员工为之奋斗与公司终极目标之间的一致）最终就会被妥协。难道没有人好奇一些发展最快、最有远见的公司为什么都是私人的吗？

牺牲其他利益相关者，成就股东需求

资本主义制度的一个更广泛的问题是，不但目标是短期的，并以财务指标为导向，而且总是以牺牲其他利益相关者为代价来成就股东利益。以下是快速增长的零售商全食超市（Whole Foods Market）首席执行官约翰·麦基（John Mackey）的观点。

> 最大化长期股东价值的最佳方法是通过管理相互依存的系统，（以此）把所有股东联系在一起……这是为客户、为你的团队成员和社区创造最大价值的最佳战略，毫无疑问，这也是最大化股东价值的最佳战略。[3]

这个观点获得了不少支持，一部分原因是人们对可持续性的担忧日渐加剧，另一部分原因是全食超市、新百伦（New Balance）和宜家家居等成长型公司取得的成功。[4]

许多公司的员工实际上并不知道他们正在做什么或应该做什么

当然，所有高层都能对公司的规划和目标夸夸而谈，但这并不意味着普通员工理解或赞同这些计划。如果不能给员工指明清晰的方向，许多努力就会浪费在无关紧要或非核心的事情上。

所有这些都表明，赛艇队的比喻并不是思考人们在大型组织中协同工作的有效方法。如果我们非要用一项运动比喻，我认为足球队更恰当，因为球队拥有许多不同类型的球员，他们拥有不同的技术，且整场比赛需要大量的战术思考和个性化的创造力。但是，我认为足球队的比喻也没有切中要害，因为它假设了一个非常清晰且简单的衡量成功与否的标准，即打败对手。在商业世界里，成功的要素是多维度的，而且是动态的。

我发现用爵士乐合奏这个比喻更有效。爵士乐手一起努力，将主动性、创造性与纪律性结合起来，以取得有价值的成果。另外，他们也有模糊的目标。爵士乐手希望创作出美妙的音乐吗？他们想享受乐趣吗？他们会想做一些之前从未有人做过的事吗？他们想赚很多钱吗？当然，它是所有这些事的某种组合，最受好评的或最快乐的乐手不一定就是赚钱最多的人。你可以很容易地发现同样的情况也发生在商业界。

总之，许多公司发现自己正经历着一致性原则的折磨。它们为其客户、员工和其他利益相关者创造价值的能力受到专注于短期的、可量化的、股东驱使结果的制约。并且，公司进行有效职能合作的能力也会受到其自上而下式设立目标的方法及不恰当的评估和责任制度的拖累。

没有人认为一致性原则本身是件坏事。相反，它建议我们，当一致性原则适用于设立目标时，我们必须更谨慎。我的观点是，在许多情况下，我们目前对一致性原则的看法是行之有效的，但也有很多其他情况（通常需要员工有更强的创造力和主动性），使用这一原则反而会使公司陷入困境。

因此，探索一致性原则的替代原则，即迂回原则的可能性就成为一件有意义的事。数年来，我们都在运用一致性原则指引方向，也迁就了它的许多局限性。但是，这些局限性和缺点似乎变得越来越尖锐。所以，我们需要一些新的想法。

迂回的价值

迂回（obliquity）不是一个容易理解的概念。本书提到的其他“替代”管理原则，如涌现机制、集体智慧、内部动机都很好理解。但是，迂回原则不是这样的，因此，我们需要花一些时间来解释这个术语的真正含义。

在几何中，斜角（oblique angle）是指非 90° 倍数的角。因此，“斜角”这个词在英语里用于指代不直接的声明或论点。

迂回原则最早是由英国哲学家理查德·沃尔海姆（Richard Wollheim）在 20 世纪 60 年代提出的。他试图弄明白众所周知的**民主悖论**（paradox of democracy）：作为一个选民，我或许认为死刑是错误的，但我也相信大多数人支持的观点应该占优势，即使他们可能支持死刑。沃尔海姆对此悖论的解决方案是识别直接道德原则与间接道德原则的区别。[5] 直接道德原则或认为“死刑是错误的”，或者“生育控制是可允许的”。间接道德原则或认可“人民的意愿是正确的”，或者认为“被我们法律制度制裁的都是合理的”。

沃尔海姆的观点是这两种在民主制度内共存的原则，有时会导致出现自相矛盾的结果。但是，他是在暗示，在一个社会体系内，那条搭建在个人信仰与大众可接受的结果之间的道路通常都不是直接的，或者说是迂回的。如果所有公民对一些重要的事（诸如死刑）都怀揣一致的信念，这样就会很简单，但现实是这种情况永远不会发生。因此，为了防止出现混乱，社会会创建一些机构来强制执行大多数人的观点。

英国经济学家约翰·凯（John Kay）是第一位把迂回概念应用到商业中的学者。他曾在发表于《金融时报》的一篇文章中写道：

> 表面上看起来可能很奇怪，克服地理障碍、赢得决定性的战争或

实现全球商业目标等目标，通常都是以间接的方式追求最佳的效果。这就是迂回的理念。当身陷困境时，或者当结果取决于与他人的互动时，迂回是最有效的做法。[6]

通过波音、英国帝国化学工业（ICI）、沃尔玛、默克（Merck）和辉瑞（Pfizer）等案例，凯证明了拥有迂回目标的公司的业绩通常优于那些目标范围更窄、更受财务状况制约的公司。与沃尔海姆的观点相似，凯认为在复杂的社会体系中，迂回方法具有特别的意义。在一个可预测的商业环境中，小公司在直接追求其目标时通常都会成功——只需小心地把其所有部分组合在一起。但是，当环境越难预测、公司架构越复杂时，迂回原则就变得越发重要。表 5-1 概括了这个论点。

表 5–1 一致性原则与迂回原则

管理原则	一致性原则	迂回原则
环境背景	稳定的环境	混乱的环境
组织类型	小的、简单的	大的、复杂的
协调的挑战	相对容易	相对困难
你的行动对他人的影响	可预测的，反馈迅速	不可预测的，反馈迟缓
最适合的目标类型	直接的	间接的

运用迂回原则的公司表现得有多好？事实证明，有关这个问题的研究非常多，以下来自多个独立研究。

- 吉姆·柯林斯（Jim Collins）和杰瑞·波拉斯（Jerry Porras）的畅销书《基业长青》（*Built to Last*）把 20 家“怀有梦想的”公司与 20 家历史悠久的竞争对手进行了比较。[7]（比如，默克和惠普属于有梦想的公司，辉瑞和德州仪器属于历史悠久的公司）他们发现，相比竞争对手，怀有梦想的公司在设立目标时更少强调营利性，但从长期来看，它们的业绩表现都非常优秀。

- 在《友爱的企业》（*Firms of Endearment*）一书中，拉吉·西索迪亚（Raj Sisodia）、大卫·沃夫（David Wolfe）和贾格迪·谢斯（Jag Sheth）研究了一组公司的长期表现，包括全食超市、哈雷戴维森（Harley-Davidson）和好市多（Costco）。对这些公司而言，商业上的成功不是沉迷于财务方面的成功，而是关注一家企业如何为社会创造价值。截至 2006 年 6 月的过去 10 年，这些企业给予投资者的平均回报率高达 1026%，与此相比，标普 500 指数的所有公司的平均回报率只有 122%。[8]
- 一些学术研究关注“全美 100 家最值得工作的公司”的长期表现。这 100 家公司全都由公司员工投票选出，原因是它们提供了最能实现个人抱负的、有吸引力的工作。与 HCL 一样，这些公司都明确地把员工放在第一位。有证据显示，在一段较长的时间里，这些公司的表现都远超同行。[9]

在解释这些发现时，我们必须小心谨慎。我们知道，在一段时间里表现优异的公司，通常在之后的一段时间里回落至平均水平；我们也知道用于预测优异表现的方法中存在许多潜意识的偏见。[10]但是，我认为以下结论是妥当的：那些致力于员工、投资公司与外部利益相关者关系，并拥有全体利益相关者认同的愿景的公司，其表现优于更关注财务目标的同行。换句话说，迂回设立目标的做法取得了成功。

3 种迂回的方法

迄今，我们已经探讨了迂回原则作为一种替代原则的潜力，也给出了一些证据，证明拥有间接或高层次目标的公司表现远好于只关注财务目标的公司。但是，我们必须做得更多，而不只是简单地讨论公司高管们应该具有更长远的眼光，或者加大对员工的投资。这些都是老生常谈。相反，我们需要进一步剖析迂回原则以发挥其作用。这涉及首先描述公司常用的 3 种迂回方法——追求间接目标、追求创造性目标和追求跨越式发展的目标，然后了解每种方法的指导原则。

与以往一样，这些不同的设立目标的方法都可以画在一张图谱上（见图 5-1）。追求跨越式发展的目标主要基于迂回原则，而追求间接目标和创造性目标是在某种程度上借鉴了这两种原则的混合方法。左上角代表传统的短期财务目标，我们不做详细讨论，因为这是众所周知的。

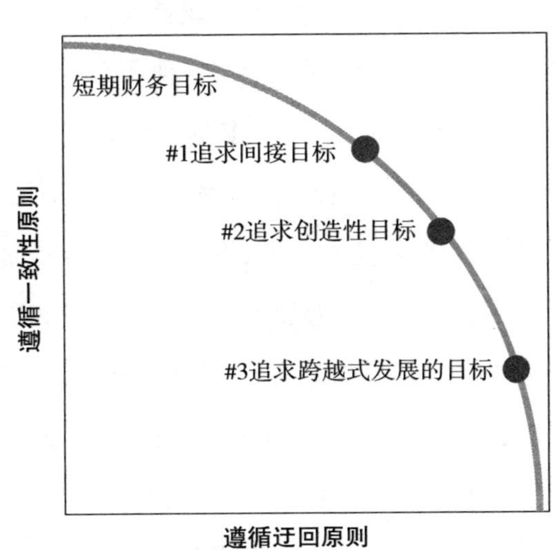

图 5–1 设立目标的图谱：比较不同的设立目标的方式

方法 1：追求间接目标

回想一下 HCL 的迂回目标——“员工第一，客户第二”，其逻辑非常明确：我们将竭尽所能地提升员工的满意度，因为我们相信，满意的员工就会带来满意的客户，最终实现优异的财务业绩。当然，没有人能保证满意的员工就一定会带来满意的客户（我们总是会设想这一规则的例外情况），但是，基于数年来在 IT 服务业的经验，纳亚尔知道这些关系成立的可能性极大，并且断定这个目标值得冒险一试。

这种设立间接目标的方法不仅适用于商业领域，我们可以想想世界各地知名大学的教育促进基金（Advancement）部门，[11] 其中一些在从校友和公司合作伙伴那里筹集资金方面非常成功。比如，2009 年哈佛大学获得了一笔 260 亿美元的捐款，牛津大学获得了 36 亿英镑的捐款。[12] 现在，你认为知名大学设立教育促进基金的终极目标是什么？目标就是增加捐赠，确保学校在教育界的地位。但是，你去校友或公司合作伙伴的网站上看看，或者与工作人员聊聊，你就会得到一个截然不同的结论：它们的使命是通过组织各种会议和社会活动、提供最新的学科思想、网络文章提供就业帮助，从而支持它们在世界各地的校友。

这些校友并不是在撒谎，他们真诚地相信拥有一个富有活力的、实力雄厚的校友会是件好事。但是，一个积极的且不断扩张的校友会就是一个迂回的目标。虽然财务方面的贡献（捐款）才是最重要的，但每个人都知道直接要求捐款（不向校友提供服务）会被当作是愚笨的，甚至唯利是图的。

想想人的一生。我们穷尽一生追求幸福，但在追逐的过程中把自己带上了一条迂回曲折的路——我们把自己扔进了一堆困难中，夜以继日地劳作，努力地扫清人生道路上的各种障碍。我们的幸福来源于一种个人成就感。那么，成就感就是一个间接目标，幸福是终极目标。英国哲学家约翰·斯图尔特·米勒（John

Stuart Mill）在 100 多年前就发表过相同的观点："只有那些全身心集中在某个事物上，而不是着眼于拥有幸福的人才会感到幸福……他们以某件事作为目标，只是在这一过程中顺便找到了幸福。"[13]

这些商业和非商业的案例具有 3 个共同特征：第一，间接目标与终极目标之间存在清晰且密切的关系，以至于我们有信心通过追逐间接目标来实现终极目标。第二，直接追逐终极目标存在风险，甚至可能遇到重大的障碍，所以一个间接的方式更有效。第三，利益相关者对终极目标的性质普遍达成共识。或许这是一个显而易见的观点，但将迂回方式与其他两种方式相比较时，还是需要说明一下。

追逐间接目标的指导方针。这种方法应该运用于何种情况？存在哪些风险？以下 3 点特别重要。

- **间接目标必须是人们能够感同身受的东西：必须是有意义的、可衡量的。**HCL 的高管们理解建立一个以员工为中心的公司的价值所在，他们密切关注员工的满意度和员工流动率。哈佛大学和牛津大学的教育促进基金团队也热衷于打造一个积极的、广泛的校友关系网，它们的成功可以通过参与学校活动的校友数量来衡量。若要使一个间接目标发挥作用，公司的内部机制必须以帮助每个人实现它为目标。
- **你必须能够证明实现间接目标的进程就是实现终极目标的进程。**我们在第 2 章中提到的快乐公司首席执行官亨利·斯图尔特是另一个相信员工优先理念的高管。但是，他也沉迷于提高客户满意度，每次公司培训课程结束之后，他都会通过问卷调查来了解这一情况。虽然间接目标与终极目标之间的关系永远不是十全十美的，但是，只要你能够证明这两者是紧密相关的，那些质疑你的利益相关者也不会让你过于难堪。

- **注意在积极追求间接目标时存在的潜在风险。**最大的风险无非就是间接目标最后可能会得到一个不相干的结果：它可能不如你期望的那样能有效地激励员工，也可能与你想的终极目标也不相关，还可能会使整套方法偏离轨道。谷歌公司的员工是不是投入很多的时间完善用户的搜索体验，以至于忽略其他本该关注的重要事情，这会对整个公司带来不利的影响吗？HCL 是不是非常担心员工变快乐后会忽略他们的客户或者预算？上述两种情况的答案都是否定的，但是我们从其他渠道获知，出现反常行为是件很容易的事。例如，信贷危机前期，许多投资银行都将收入增长放在首位，结果导致员工都去追逐高风险、低利润率的新业务。收入增长就是一个非常糟糕的间接目标。

方法 2：追求创造性目标

第二种迂回方法特别适用于富有创造力且以科学为基础的工作，在这些工作中，公司的总体商业目标常常与备受好评的目标、同业评审和科学进步正相关。管理学作家比尔·布瑞恩（Bill Breen）想要记录大量药物开发的全过程，为此他跟随辉瑞的一组糖尿病药物专家进行研究，尽管研发试验屡屡失败，但这些专家依然对研发工作充满激情。正如一位受访者所观察到的，“科学家不是为了药物上市的那一天而努力，而是为了你在期刊上看到振奋人心的结果时那短暂的片刻而努力。”对这些科学家而言，他们在乎的是“实现目标过程中遇到的纯粹的智力挑战”。对他们来说，商业上的成功不是无关紧要的，但它绝不会改变他们日复一日的工作。[14]

与第一种方法相同，第二种方法的终极目标很明确：辉瑞致力于设法确保股东的资金获得可观的回报。与第一种方法有过之而无不及的是，直接追求终极目标非常冒险。辉瑞知道，如果它的研发人员被告知他们所有的努力必须围绕公司的财务目标进行，它就会失败——不仅试验性的项目会暂停，顶尖的科学家也会因此辞职。

这种方法独有的特征是中级目标与终极目标之间关系的不确定性。为了“纯粹的智力挑战”而参与项目并不会取得商业上的成功。但是，有些项目不管如何最后都成功了，以至于赚到的钱能够弥补之前所有的失败。因此，制药企业的高管们玩起了数字游戏：在项目初期阶段，他们给予科学家极大的自由度，随着这些项目的潜在价值变得越来越清晰，他们就可以选择停止哪些投资项目，以及向哪些项目投资。

在方法 1 中，中级目标被当作终极目标的一块垫脚石。在方法 2 中，追逐中级目标有其自身的原因：鼓励员工追逐中级目标（即使它与终极目标的关系并不确定），然后由公司高管决定什么时候进行商业化。

谷歌的开发活动可以作为公司成功鼓励员工追逐创造性目标的案例。与辉瑞的研发科学家一样，谷歌的工程师想要真正地改变世界。谷歌整体的管理模式在很大程度上仍以学术性原则为基础。谷歌首席执行官埃里克·施密特（Eric Schmidt）曾在 2008 年召开的一个会议上发表评论说，这个模式“不是计划内的。谷歌的出现是因为人们的行为就像他们在研究生院一样，尽管他们不是。如果你把一种学术文化应用于商业活动，这些就是你得到的结果。”[15] 经验丰富的计算机科学教授埃纳瑞格·阿喀亚（Anurag Acharya）提到，他之所以加入谷歌是因为他“一直在寻找一个能让我为之奋斗非常长时间的问题，10 年，甚至 15 年”。[16]

正同我们将在第 7 章会进一步阐述的，谷歌拥有一个高度去中心化的组织结构，开发项目由 3~4 人组成团队完成。谷歌鼓励员工将 30% 的时间用于探索性的项目，其中 20% 用于延伸核心业务的服务，10% 用于具有一定风险的想法。这种模式为谷歌产品开发流程创造了奇迹。你去参观一下谷歌实验室，就会看到许多可供用户试验的产品。在撰写本书时，这些产品包括谷歌商店支付应用（Google Checkout Store Gadget）、谷歌城市旅行（Google City Tours）和谷歌火星（Google Mars），其中一些具有显著的商业潜力，其他可能只是迎合了小众用户的兴趣。

但是，所有这些开发工作是如何与公司对股东的承诺相协调呢？从本质上，谷歌高管把最有前景的项目进行了优先排序，并忽略其他项目，这种方法有时被称为引导性发展。[17] 例如，作为首席执行官，埃里克·施密特在及时对棘手的问题做出决定方面发挥着至关重要的作用。虽然每个问题都要经过长时间的讨论，但正如施密特所言，“如果那就是你全部的工作，就相当于你开办了一所大学。所以，我有两项工作：第一，确保每个问题都经过讨论最终得到一个虽然不会被普遍认同但是最好的决定；第二，敦促这些决定迅速落实，因为企业竞争拼的就是速度。”[18]2009 年 6 月，谷歌设置了正式的“创新评审”机制，高管们要向埃里克·施密特和创始人拉里·佩奇（Larry Page）与谢尔盖·布林（Sergey Brin）陈述各自部门提交的产品创意。虽然很难有一个不同寻常的概念，但是这些评审“促使管理层去关注相关产品创意”，并帮助管理公司的三巨头更有信心地下注。[19]

鼓励员工追逐创造性目标的指导方针。通常情况下，只有小部分员工有机会追逐创造性目标，所以真正的挑战是，员工在试验阶段需要完全的自由与生产阶段需要严格的商业管控之间取得平衡。

- **你必须给予你的员工追求自己目标的自由。**研发科学家希望通过在期刊、出版物上发表研究成果从而获得同行的认可；建造师和产品设计师希望他们的工作能得到赞美。如果你希望这类人在你的公司工作，你必须关注他们的需求，否则他们就会离开。以加利福尼亚州生物科技公司杰龙（Geron）为例，在收购爱丁堡生物科技公司罗斯林生物药物研究所

（Roslin Biomed）时，杰龙不得不非常谨慎地安置罗斯林的科学家，以确保他们的需求都能得到满足。全球第一只克隆动物——小羊多利（Dolly the Sheep）就出自罗斯林。最后，杰龙给予罗斯林全部的经营自主权、所有其发明创造的知识产权，以及其成果出版发行的权利，所有这些都是学术自由的必需要素。[20]

- **你需要一个能有效筛选适合投资的、高潜力项目的方法。**像辉瑞这样的制药企业在阶段性投资方面拥有丰富的经验，即决定哪些项目进入下一个开发阶段，哪些项目被终止。而其他公司还在为这样的流程努力。我知道有一家工程公司在决定项目去留方面有着非常宽松的程序，其结果是，任何有经验的工程师只要他拥有想合作的客户或想从事的项目就可以做，几乎不必考虑之后的利润率。不管是通过像谷歌那样的引导性发展流程，还是更正式化的分阶段机制，最关键的是能够优先排序潜力巨大的项目，并终结前景不太明朗的项目。

方法 3：实现一个信仰的飞跃

第三种设立目标的方法与前两种方法存在一个重要的区别：它不需要管理层对公司的终极目标采取强硬的立场。换句话讲，采用前两种方法的前提是公司的终极目标是为股东创造利润，而采取跨越式发展的目标的公司没有这种假设。相反，它假设每家公司都有多个利益相关者，公司没有明显的层级制度，这在一定程度上是重要的，这些利益相关者彼此相互依赖。

以第七世代公司（Seventh Generation）为例，这是一家成立了近 30 年的私有制公司，从事卫生纸、纸尿裤和洗衣用品等基本日用品的生产。公司致力于打造全球最值得依赖的品牌，为健康的家庭提供权威的、安全的、环保的产品。公司主席兼首席执行官杰弗里·霍伦德（Jeffrey Hollender）表示，公司名字源于易洛魁人的法则。根据法则，在每一次的评审中，公司高管必须考虑自己所做决定对未来七代人的影响。在实践中，这意味着有关生产什么、在哪儿出售，以及如何获得原材料的决定所依据的原则与宝洁或联合利华的原则有着根本性的不同。[21]

其中一个原则就是透明度：当任何不好的事情发生时，公司会确保每个人都知道，而不是掩盖事实。不仅如此，如果公司想要去除洗衣用品中的某种化学成分，那么利益相关者必须参与讨论。所以，公司在其网站上公示了所有利益相关者可能想知道的重要内容。尽管这样的透明度似乎有些违反常理，但是它成就了第七世代公司的蓬勃发展。

另一个关键原则是“调和系统失调”，通俗地讲，就是避免出现一个利益相关者获胜是以牺牲另一个利益相关者为代价的局面。例如，沃尔玛为顾客省钱的做法可能会伤及供应商，因为沃尔玛会要求它们每年下调供应价格，可谓“与责任感背道而驰”。因此，第七世代公司不通过沃尔玛销售自己的产品。

除了这个目标，第七世代公司还有一个重要目标——让其他公司也更负责任地为我们生活的星球着想，并采取相应的行动。霍伦德说：“我们做的许多事其实是为了鼓励其他企业参与其中，帮助它们思考这些问题，因为解决方案不会只来自第七世代公司。我们还是一家小公司，我们绝大多数的影响力并没有发挥在客户方面，而是在那些正注视着我们所作所为的企业，然后听到他们说，‘哇，真有趣！我以前认为这是不可能的。’”

第七世代公司或许是一个与众不同的案例，但它诠释了一个很重要的论点。虽然第七世代公司出售的是环保产品，但其真正的使命更大胆、更多元化：通过教育、培养更有环保意识的消费者，实现公平和健康，确保自然资源的可持续使用，以及许多其他类似崇高的目标。换句话说，该公司没有一个清晰的、明确的终极目标。相反，它着迷于拥有多个既相互补充又相互竞争的目标的多义性。

现在，有人可能会认为这样一种方法，即没有一个目标是以营利为目的的，会对第七世代公司的财务状况产生负面影响。但事实并非如此，该公司的利润年增长率从20世纪90年代末的25%增至2008年的45%，2009年更上一层楼。

另一个以跨越式发展为目标的案例来自嘉吉百货（Cargills Ceylon Plc）——斯里兰卡最大的食品生产商和零售商。在首席执行官兰吉特·佩奇（Ranjith Page）的带领下，过去10年，嘉吉百货为提高斯里兰卡农业产能和盈利能力启动了一项创新运动。一直以来，当地农业生产效率极其低下：40%的水果和蔬菜被浪费，20%~30%的利润给了中间商，当地农场对科技和技术的投资为零。嘉吉百货建立了一个与本国1万名农民直接联系的系统，确保向他们提供一个现成的市场、比以往更好的价格，以及科技和资金方面的支持。这种模式帮助当地农民实现了发展，并推动了嘉吉百货业绩的迅速增长。这种可持续发展的模式得到了世界银行（World Bank）和盖茨基金会（Gates Foundation）的高度赞赏。[22]

嘉吉百货现已拥有60 000名员工和136个零售渠道，它是这样描述自己的使命的："借由我们的核心业务'爱之食粮'，本着提升年轻人技能、跨越地区差异、通过强化本地和国际市场来降低生活成本的信念，服务于农村社区、我们的客户和所有其他利益相关者。""爱之食粮"这个表述或许在北美和欧洲并不适用，但它能引发嘉吉百货的客户和供应商的强烈共鸣。佩奇说："我们力求保证这些信念在我们业务的各个方面都位居第一位。我们这么做是出于对国家和人民的爱。"今天，嘉吉百货在斯里兰卡全国范围内建立了9个采集中心，直接从农民那里收购大米、牛奶、水果和蔬菜，收购价一直比它们的生产成本高20%。该公司约70%的雇员的年龄在25岁以下，其中80%来自斯里兰卡的边远地区。

正如嘉吉百货的高管苏尼尔·贾扬塔·纳瓦拉特纳（Sunil Jayantha Nawaratne）所说，"我们公司的愿景和使命说明，我们相信利润一定只来源于能为所有利益相关者创造可持续价值的商业过程之中"。嘉吉百货的终极目标是回馈社会，并在这个过程中打造一个成功的企业，这与兰吉特·佩奇的理念一致，也符合斯里兰卡的传统。苏尼尔注意到，有了这样的公司文化，公司发展的终极目标不再是利润最大化，而是公司能够扩张并为社会创造更大的价值。

许多其他公司也在探索自己的跨越式目标设立的方法。如前文提到的全食超市的约翰·麦基坚信所有利益相关者“总体上是相互依赖的”；利润是追逐其他事物（包括为客户提供服务、发展员工、改善社区福利等）时最好的副产品。另一个案例是眼镜零售品牌 Specsavers，它由帕金斯夫妇（Doug and Dame Mary Perkins）于 1984 年在英国创建，其目标是为所有人提供既经济又时尚的护眼产品。两位创始人从未把赚钱视作他们的首要目标，他们创立这家企业是为了使英国每一个人不费吹灰之力就能获得高质量的眼部护理服务。他们刻意以这样一种方式构建自己的商业模式，即他们的商业合作伙伴——眼镜店老板拿走大部分利润。现在，25 年过去了[①]，Specsavers 遍布 10 个国家，拥有 1400 家商店，且未曾关闭过一家门店。[23]

制定跨越式发展的目标的指导方针。从某种程度上讲，这是 3 种方法中风险最大的方法，因此，企业确保在继续前行之前已掌握关键要素就显得尤为重要。

- **你必须真的相信利润并不重要。**这里的难处在于说服利益相关者。客户、员工和分析师都是持怀疑态度的，并且其中许多人会认为（除非你不断地证明事实并非如此），经济利益是公司存在的真正理由。所以，如果你认真考虑平衡所有利益相关者的需求，追求多元化的目标，你的行动势必就会反映那样的信念。如我们所见，第七世代公司冒着公众对其产品的批评、指责可能会导致收入亏损的风险，但是公司坚持这样做，是因为它致力于与利益相关者保持透明度。嘉吉百货的政策是向供应商支付高于市场

① 撰文时间为 2009 年。——译者注

价的采购价，向消费者制定低于其竞争对手的零售价，且这些承诺全部兑现了。这些切实的承诺为这些公司公开宣布的目标做了强有力的注解。

- **你的目标必须得到消费者的支持。**嘉吉百货正在追求一项所有斯里兰卡人能够相信的社会使命。帕金斯夫妇之所以能够改变英国的眼部护理行业，是因为法律环境发生了变化，政府取消了管制，同时因为1984年的市场状况极其糟糕。第七世代公司和全食超市都借助了倡导环保和社区可持续性的时代浪潮。尽管从定义上讲，利润不能成为公司追求跨越式发展的目标的驱动力，但是，选择这种方法的公司也需要赚取足够的利润才能生存，即提供人们真正想要购买的产品或服务。
- **你必须使你的表现与所有你在乎的业绩考核一致。**所有管理出色的公司都能保持其业绩与预期一致，不管这些预期是什么。所以，即使公司的使命定位在跨越式发展，利益相关者也会想知道这一跨越的结果是什么。这就是为什么嘉吉百货要测算支持它的供应商数量、公司帮助培训的年轻人数量，以及消费者节约了多少成本。
- **你必须留意这个方法与生俱来的风险。**显然，刻意去做一件削弱公司短期盈利能力的事绝不简单，而现实是许多以跨越式发展为目标的公司根本无法生存。保持初衷不变也是一件非常困难的事，尤其是如果有新的投资者加入公司。帕金斯夫妇曾说过他们永远“不会”出售Specsavers，因为他们认为自己与众不同的模式会很快被拥有不同目标的新投资者削弱。值得注意的是，但或许并不意外，绝大多数以追求跨越式发展设立目标的公司都不是上市公司（全食超市是个例外）。

马乔里·凯莉（Marjorie Kelly）对这类公司进行了一项有趣的研究，她发现了3种可替代的管理模式，它们越来越多地被那些不以赚钱为首要目标的公司所用：利益相关者所有制企业，即把所有权交给无经济利益的利益相关者，如员工或合作组织；使命型公司，即把所有权和盈利能力与控制权和组织方向分开；公私混合型，即把盈利能力和使命结合起来创建独特的架构。[24] 现在要知晓所有这些不同的管理模式将如何运作还为时尚早，但目前正在试验的各种各样的方法也确确实实证明了它在当今社会的重要性。

一些结论

本章的重点是企业在设立目标时如何运用迂回原则的不同方法，以及每种方法的优缺点。最后这一节，我们又回到了最初的广义讨论，即作为设立目标的根本原则，一致性原则和迂回原则各自的优点。

作为一个通用准则，一致性原则最能在一个稳定的环境中发挥作用，即工作常规化，并以某种线性方式（如通过一条生产线）进行管理，事情如何相互影响具有一定的可预测性，且结果可以很容易被度量。它也适用于小公司，在那里每个人都相互了解，因此可以快速沟通目标的设立。另一方面，迂回原则更适合一个混乱的环境，工作有很高的创造力和交互性，运营机制复杂，结果更难被预测和被度量。

显然，从各种层面来看，我们目前的商业环境变得越来越复杂，混合结盟、合资合作和外包交易日渐增多，并且如今人们更关注商业活动对社会和自然环境的影响。这样或那样的因素使采用迂回原则设立目标更具有优势。但是，这并不意味着需要摒弃一致性原则。

表 5-2 概括了 3 种基于迂回原则和传统的基于一致性原则（围绕短期财务目标设立目标）的方法的关键特征。公司设立短期财务目标的基本假设是所有人都

能团结一致地为实现一个特定的目标（如盈利能力）而努力。公司设立间接目标和创造性目标建立在理性和线性思维的基础上，即一个目标如何与另一个目标相关联。公司设立跨越式发展的目标建立在系统性思维的基础上：每件事之间都是有关联的，因此我们无法准确地预测我们的行为会对不同的利益相关者产生哪些影响。与往常一样，本章的目的不是争辩在这些方法中谁更胜一筹，而是列出不同情况下的不同选择。

表 5–2 比较 4 种设立目标的方法

短期财务目标	间接目标	创造性目标	跨越式发展的目标
人们寻求狭隘的财务目标，因为他们的行动能直接引导达成这些目标	人们追求 A 目标，不仅是因为它值得这么做，还因为它能够间接地、必然而然地实现 B 目标	人们为了实现 A 目标而努力，即使它与 B 目标无关	人们为了实现 A 目标而努力，很少考虑它可能导致的 B、C 或 D 等其他结果
管理者围绕这些财务目标设立所有激励措施和目标	管理者为实现 A 目标设置了一块记分牌，同时密切关注 A 目标如何影响 B 目标	管理者为实现 A 目标设置记分牌，通过各种组合做出投资决定，引申出“赢家”也会实现 B 目标	管理者为 A 目标设置了计分卡 / 愿景，并希望能一直影响 B、C、D 目标。但管理者并不纠结于是否能实现 B、C、D 目标，这超出了他们的控制
结盟逻辑	连续的因果逻辑	指导发展逻辑	系统性思维，相互依存的逻辑

第 5 章 要点

通常，大公司用于设立目标的原则是一致性原则，它是指所有员工都直接为了同一个目标而努力。替代原则是迂回原则，是指追求间接目标往往是达成目标的最佳途径。

虽然在商业界里迂回原则不能很好地被理解，但是许多公司已经在暗暗使用了，比如它们在设定长期愿景时或在为研发科学家设立目标时。本章提出了 3 种基于迂回原则设立目标的不同方法：①追逐一个间接目标，即关注 A 目标随后就会实现 B 目标；②追逐一个创造性目标，为实现 A 目标付诸的努力会有一部分稍后被强化并瞄准 B 目标；③追逐跨越式发展的目标，即设立一个高瞻远瞩的愿景，且甚少考虑随之可能带来的结果。

与前几章一样，大公司越来越关注运用替代原则——迂回原则设立目标。当商业环境稳定且可预测，并且公司不同职能部门之间的合作相对直接明了时，一致性原则最有效。当商业环境是动态的、不稳定的，并且公司不同职能部门向不同的方向发展时，迂回原则最有效。

我们介绍了 3 种设立目标的迂回方法，并与以短期财务目标为核心的传统方法进行了比较。每种方法都有其优缺点。作为一位管理者，你面临的挑战是：①理解每种方法的相对优势；②根据你的特定情况评估哪种方法最适用；③如果你认为有改进的空间，那就构想并尝试基于这些观点的新方法吧。

第6章

员工激励：从外到内的激励

6

整个赛场弥漫着紧张的气氛：大屏幕上闪烁着飞速变化的得分，选手们焦躁地调整他们的战术，观众们敬畏地看着竞争对手表现出来的精湛技艺。赌注是诱人的—— 一份 26 万美元的奖金和只属于胜利者的欢呼声。这不是体育比赛（尽管速度、能力和战术都融入其中），而这就是 TopCoder 公开赛，一项独一无二的盛事，每年约有 120 名来自世界各地的顶尖软件程序员齐聚拉斯维加斯的梦幻金殿酒店（Mirage），在算法、软件设计和开发等领域展开角逐。[1]

TopCoder 是一家位于康涅狄格州哈特福特（Hartford）的软件公司，有着独特的商业模式。企业家汤姆 · 休斯（Jack Hughes）创办的 TopCoder 已经建立起一个由自由职业者组成的社区（而不是雇用全职程序员），这些自由职业者会参加很多小型的竞赛，看看谁能开发出最好的代码。TopCoder 公开赛是一场表演，看看谁能在规定的时间内编出最聪明的算法。但是，TopCoder 在为客户开发软件时也采用了同样的模式：整个编程工作被细分为多个模块，每个模块的获胜者会得到一份奖励。[2]

TopCoder 开发者社区的竞争非常激烈，优秀的程序员都是明星。汤梅克（Tomek）（又称托马兹 · 扎杰卡）曾两次获得 TopCoder 公开赛冠军，他第一次赢得公开赛时才 22 岁，回到家乡波兰（Poland）之后便成为一名偶像级的明星，他的形象不仅出现在广告牌上，他的故事还被编进了流行音乐。[3] 另一位冠军是

33 岁的阿格莱特（Argolite）（又称迈克尔·帕维斯卡），他放弃了加拿大一家电子商业咨询公司稳定的工作，全身心地投入 TopCoder 开发者社区。与汤梅克只参加算法竞赛不同，阿格莱特还参加了面向客户的商业开发竞赛，并获得了巨大的成功：短短几年的时间，他就从 TopCoder 赚到了逾 75 万美元。

TopCoder 的社区开发者中没有人能够从公司获得一份稳定的薪水，他们也没资格享受各种福利待遇或晋升，因为他们都是自由职业者。但是，他们的工作积极性很高——他们在 TopCoder 的项目上投入了很多的时间，通常是在空闲时间，晚上或周末，并且他们表现出对公司极高的忠诚度和极强的依赖性。

TopCoder 是一家与众不同的公司，因为它依赖于基于自身利益的个体自发协调合作从而完成工作。公司也获得了极大的成功，社区拥有 21.9 万名软件开发人员和人数快速增长的客户。它阐释了公司激励研究领域的一个谜题。相比全职员工，为什么志愿者、自由职业者和临时工的积极性更容易被激发？我们在 Linux 和 Apache 等开源软件社区也见到了类似的情况，绿色和平组织（Greenpeace）和无国界医生（Médecins Sans Frontières）等志愿者组织也是这样。雇用合同中有什么打消员工工作积极性的内容吗？还是管理者用于激励员工的机制设置得不够巧妙？

另一种提出相同问题的方式很简单：是什么激励了阿格莱特？没有人向他保证为 TopCoder 工作就能赚钱，但是他把自己所有可自由支配的时间和精力都倾注到那份工作之中，如果这项工作被认可，将有助于 TopCoder 向客户交付一个高质量的软件。如果我们能理解是什么驱动了阿格莱特这样的人，我们就能在组织和分配工作方式上做出重大改进。

我们要清楚地知道，这些都是非常重要的问题。正如我们在第 1 章所说的，近期对职场敬业度的研究显示，不到 20% 的员工会积极参与他们正在做的工作。这意味着高达 80% 的员工只尽了最小的努力来取悦自己的老板。他们坐在计算机前筹划他们的假期或在网上购物，他们将自己的创造力用到了夜生活和周末的享乐上。当然，有一些工作本身就永远不会具有吸引力，比如呼叫中心的电话应答和翻动汉堡的工作就是典型例子。但是，如果我们能在这些数字上实现一些适度的改变，比如，员工的敬业度从 20% 上升至 30%，那么生产力和工作满意度就将大幅提高。

在本章中，我们会探讨一些新鲜的与激励机制有关的思维方式，从而解决这些棘手的问题。虽然传统的雇佣关系存在一些打击员工工作积极性的特质，但现实是管理者在处理时会运用许多技巧推动员工做那些可做可不做的事。其中一些技巧由来已久，但因为难以实施而被忽视。其他技巧直到最近才获得法律许可，部分原因是 Web 2.0 技术的兴起和自由职业社区的日益增多。

本章将讨论可供管理者支配的不同激励方法，以及每种方法的优缺点。如此一来，在开始优化管理模式时，你就能更好地理解哪种方法更适合你的情况。但是，首先，我们需要了解一些历史背景。

一些历史背景

激励机制的学术理论可以很轻易地追溯至埃尔顿·梅奥（Elton Mayo）、亚伯拉罕·马斯洛（Abraham Maslow）、道格拉斯·麦格雷戈（Douglas McGregor）等人的著名观点。但是，再进一步往前推，则有助于了解雇用与激励之间的关系。管理学研究者罗伊·雅克（Roy Jacques）在其著作《制造员工》（*Manufacturing the Employee*）中提供了一个颇具说服力的案例，证明我们今天所知道的劳资关系早在工业革命时期就出现了。[4] 在 19 世纪中期，绝大多数人都是生意人或者工匠，他们主要为自己劳作，他们从头到尾控制着工作过程，他们多才多艺，他们从事付薪的工作只是为了补充主业。如引言所述，19世纪后半期大型企业的出现，导致人们对工作的看法发生了根本性的转变。员工开始根据投入而非产出计薪，他们效忠于与雇主签订的长期合同，并把自己的角色定位于一台机器上微不足道的零部件。用词也发生了变化，“雇员”一词直到20世纪初才开始被普遍使用。

雅克的分析很重要，它使我们避免了以一个过于简单且单一维度的方法去看待历史。人们并非总是在大型工业企业中工作。因此，当我们猜测未来的职场会不会有更多的自主创业和更多的基于社区的交互方式时，我们实际上是在预测会在一定程度上回归过去的模式，而不是创造一个全新的模式。这对研究激励机制至关重要。雅克明确指出，19世纪中期的商人和工匠具有很强的工作动机。如果这就是基本情况，那么我们的挑战就变成理解大型工业企业中传统雇佣关系是如何使员工失去工作积极性，并削弱他们无条件付出的意愿。借由一些全新的事物，通过克服传统雇用模式的缺点，我们有望大大提高员工的敬业度。

在此历史背景之下，梅奥、马斯洛、麦格雷戈等人的研究本质上是重新发现企业人性化的一方面，虽然仍局限在大型工业企业内部。自他们早期研究之后，有关职场激励的文献著作呈指数级增长。此刻，值得花一些时间来定义我们在本章使用的特别的激励方法。

何谓激励

简单来讲，激励就是激发行为表现并给予指引的内在条件。[5] 在商业环境中，激励就是驱动一个人在某个特定任务和目标上投入时间和精力。显然，当你留意那些为你工作的人时，你就会发现激励水平因人而异，也因工作而异。因此，为了了解为什么会发生这种情形，研究人员采取了两种方法：一种关注员工的潜在需求；另一种关注激励员工更加努力工作的驱动力。

这项研究得出了一个很重要的结论：内部激励与外部激励之间存在区别。内部激励源自与某项任务或活动本身直接相关的奖励，例如，弹奏钢琴、乡间漫步或解开一个难题。外部激励来自除人之外的因素，如金钱，但是惩罚所带来的压迫感和威胁也是很常见的外部激励因素。[6]心理学家爱德华·德西（Edward Deci）和理查德·莱恩（Richard Ryan）的研究把这种观点向两个有效的方向进行了延伸：[7]一种是更好地理解内部激励的组成要素——能力的需求、自主权的需求，以及与他人关联的需求；另一种是对第三类混合激励方法的认同，他们称之为**内化的外部激励**（internalized extrinsic motivation）。当员工获得晋升或得到同僚的赞赏时，这些虽然是外界给予的，但他们内化为自己的价值，从而变成内部激励。换言之，外部激励—内部激励的比例是浮动的，在两个极端之间还存在许多不同程度的内化激励因素。

麻省理工学院教授道格拉斯·麦格雷戈著名的 X 理论与 Y 理论之间的区别也与此高度相关。[8]麦格雷戈关心的是了解管理者是如何塑造其下属的行为表现的。X 理论代表了这样一种观点，即员工天生就是懒惰的，需要外部奖励推动他们完成工作；Y 理论则认为员工是能够自我激励的且具有野心的，可以受到内部因素的激励。麦格雷戈并不认为哪种观点更准确，但他发现管理者施行的制度通常会自我强化。因此，认同 X 理论的管理者通常会强调强制和控制，他们的员工会做出相应的反应，而认同 Y 理论的管理者往往会向其员工给予更多的自主权和提供个人发展的机会。

这些理论思想为本章余下的内容提供了框架。图 6-1 阐释了这些理论是如何组合在一起的。纵轴代表“传统的”外部激励原则和 X 理论；横轴代表“替代的”内部激励原则和 Y 理论。现在，我们不得不谨慎，因为与前一章不同，迂回原则是一种新的、与众不同的、替代一致性原则的原则，但如果把内部激励定位成一种新的或独特的原则，那就大错特错了。事实上，我们这里所说的外部激励是 20 世纪初大型工业企业的通用标准，随着我们进入 21 世纪，内部激励越来越受到重视，从而成为一种可取的替代方法。当然，内部激励的概念已存在几十年了，它的优势地位已经巩固。但是，绝大多数观察人士会承认，很少有大公司真正地按照其原则进行管理。

激励的驱动力

图 6-1 列出了管理者可施行的 3 套机制，即员工无条件付出的驱动力。

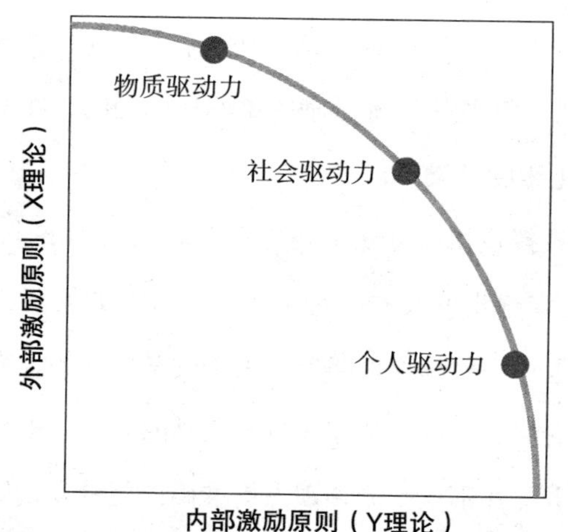

图 6–1　激励机制：比较不同激励方法的框架

- 无条件付出的物质驱动力。它是指为员工的付出提供物质方面的且直接的奖励。这些奖励不仅包括加薪、晋升、奖金等，还可以包括为某个项目亮绿灯、批准某项权利或奖励为某个问题提出的最佳解决方案。
- 无条件付出的社会驱动力。它是指给予人们加入某个组织的理由。我们中的绝大多数人需要成为某个组织或社区的成员。这意味着成为某个团队的成员，或者在某个同业团体内拥有某种地位就能获得认可和同行的赞赏，并受到欢迎。

- 无条件付出的个人驱动力。它是指管理者组织和分配工作的方式，从而使这项工作具有天生的吸引力。这包括给予员工自由行动的权利，创造性地与他人合作的机遇，积累和论证专业知识的机会，以及为一个值得的目标做贡献的机会。想想艺术家、作家和研发科学家，他们常常陶醉于自己所从事的工作中（当然，受自我怀疑折磨的时候除外），他们由此获得的快乐和满足就是驱动他们的引擎。

管理者必须在物质驱动力、社会驱动力和个人驱动力之间做出选择吗？他们能同时使用这 3 种方法吗？答案不是那么直截了当。有相当多的研究显示，外部激励会驱逐内部激励。例如，一项针对志愿者的研究发现，当他们因付出而获得薪水时，他们就会变得越来越看重物质，并且越来越不愿意免费工作。[9] 很多研究还显示，一些激励要素，特别是与工作环境和薪资有关的要素，只会产生一定的阈值效应。著名心理学家弗雷德里克·赫茨伯格（Frederick Herzberg）称这些为**“保健因素”**（hygiene factors），因为与定期洗澡一样，它们最适用于预防职场的不健康状况，其本身不会带来健康的状况。[10]

鉴于这些说明，这里的 3 种方法最好是当作补充部分。也就是说，作为一名管理者，如果你能够考虑周全地把物质驱动力、社会驱动力和个人驱动力组合在一起，员工积极响应的可能性就会非常高。研发科学家、管理研究学者亨利·索尔曼（Henry Sauermann）在最近的一项学术研究中试图解释为什么有的研发科学家的工作时间长于规定时间。与工作时间相关的 3 个要素是薪资、责任感和智力挑战，即物质驱动力、社会驱动力和个人驱动力的绝佳结合。[11] 印度 IT 服务公司印孚瑟斯就采用了把这 3 种驱动力合在一起的方法，如专栏 6-1 所述。

专栏 6-1

印孚瑟斯如何激励员工

印度 IT 服务公司印孚瑟斯为如何综合运用无条件付出的三大驱动力提供了一个很好的案例。印孚瑟斯由 7 名 IT 工程师于 1981 年创立，初创时期，其经营状况举步维艰，并一直持续到 20 世纪 90 年代 IT 服务需求如海啸般飙升。凭借受教育程度高但价格相对低廉的印度劳动力，并致力于国际扩张的经营理念，该公司从 20 世纪 90 年代至 21 世纪初迅速发展，现在已跻身世界领先的 IT 服务公司之列。

从物质奖励方面来看，参考印度标准，印孚瑟斯的薪资水平是极高的。1994 年，公司引入股票期权挽留公司最优秀的人才，以免他们被美国的竞争对手挖走。9 年之后，公司这一标准需要改变，转而提供一个更高水平的激励薪酬，从而把个人、业务部门和公司业绩捆绑在一起。20 世纪 90 年代初，公司取消了基于任期的简单晋升模式，施行有明确定义和资格评估的精英模式。除了这些，为了表彰对员工在项目管理、发展和创新以及社会道德方面的卓越表现，印孚瑟斯每年都会进行颁奖。

2007 年，印孚瑟斯的员工人数增加至 8 万人，增长速度如此之快，并且平均任期只有两年。因此，为了使员工快速成长，并鼓励他们留在印孚瑟斯，公司付出了巨大的努力。公司拥有设计精致的新员工入职流程，还有一系列使工作变得有趣的措施（对绝大多数人来说，这是他们的第一份全职工作），并提供与员工匹配的岗位和透明的职业晋升通道。公司还开展了针对不同等级员工的多个培训项目，并打造了员工反馈其经验并与其他人分享学习的途径。印孚瑟斯也频频因其出色的人力资源实践获得认可。2007 年，公司获得了由《劳动力管理》（*Workforce Management*）杂志颁发的“最佳企业奖”（Optimas），2005 年和 2006

年还获得 BT-Mercer-TNS 颁发的印度最佳工作公司奖。

印孚瑟斯前任人力资源高级副总裁赫马·拉维钱达（Hema Ravichandar）在总结公司提升员工积极性的方法时说道，“我们通过培训和在职学习机会实现学术增值，从而不断‘拓展’员工；通过竞争性的薪资和激励措施实现财务增值；通过强大的企业文化实现情感增值。”这种综合运用的方法已经获得了巨大的成功。[12]

归根结底，动机是一种非常特殊的事物。员工是人，会以自己的方式对所做的工作做出回应。因此，简（Jane）或许会在周末无偿工作，因为她对计算机编程无比热爱（个人奖励），约翰（John）或许也会这么做，但会出于不同的原因——这能给予他一定的社会地位，事实上他的朋友和家人认为他已经实现了部分人生价值（社会奖励）。这种局面可能会发生变化：一旦获得了一定的社会地位，约翰可能需要一个不同的动机，他可能需要晋升形式的奖励，这样就能获得更多的薪水（物质方面的）；简可能需要她的同事认可她对同事所从事项目的帮助（社会方面的）。

因此，管理者的工作就是要深思熟虑如何最大限度地发挥员工的潜能，激发并鼓励他们无条件地付出。这意味着无论怎么组合使用这 3 种驱动力都是合适的。印孚瑟斯以一种相当标准的方式使用了这 3 种驱动力来激励其全职员工：员工获得了丰厚的薪酬，许多人还获得了股票期权；公司给予员工发展和进修的机会；公司在组织和分配工作时尽可能地赋予其趣味性。TopCoder 也组合使用这些驱动力来激励其社区中的自由职业者。阿格莱特参加 TopCoder 编程竞赛的动机有一部分是出于物质奖励（迄今奖金超过 75 万美元），一部分来自他自身（他享受获胜时的紧张感和打败竞争对手时的快感），一部分源于社会（他看重从精英程序员社区获得的尊重和认可）。正如他所说的，“我的办公室就在离床 3 英尺的地方；我一起床就能打开电脑，开始每一天的生活。结识参加这些活动的人也是一大吸引力。其他事对我没有这样的吸引力——我热爱这份工作，并且我能赚到比以前做普通软件承包商更多的钱。”[13]

值得强调的是，这 3 个驱动力同样适用于全职员工和自由职业者。许多人力资源管理者对外包工作和聘用自由职业者心存疑虑，因为他们感觉到自己不再能控制这些人的所作所为。TopCoder 打造在线程序员社区的试验给出了一个完全不同的结论：你能用来激发和鼓励自由职业者的工具和你用来激发和鼓励传统员工的一样多。

本章接下来的部分，我们将详细讨论每一种驱动力。

物质驱动力

1895 年，约翰·林肯（John C. Lincoln）仅用 200 美元创立了林肯电气公司（Lincoln Electric Company），生产他设计的电动机。12 年后，公司业务扩张至电池充电器、焊接设备和焊接机器。这时，他把哥哥詹姆斯（James）引入公司，最终把管理权交给他，这样他就能全身心地投入科学发明。

事实证明，詹姆斯是一个拥有非常先进管理思想的管理者。他引入计件薪酬，设立员工咨询委员会（Employee Advisory Board，每个部门选出代表，时至今日，委员会还坚持每两周开一次会），甚至还为所有员工提供团体人寿保险，这项福利在当时并不为人所知。1923 年，林肯电气公司成为首批给予员工带薪假期和股权的公司之一。从员工建议项目到焊接培训学校，从 1934 年首次发放年度激励奖金到 20 世纪 50 年代的利润共享和无失业政策，林肯电气公司致力于让员工尽可能地在工作中获得满足。[14]

时至今日，林肯电气公司不仅是美国也是世界上领先的焊接设备制造商。2008 年，其净销售额达到 24.9 亿美元，净利润 2.12 亿美元。这不仅是财务上的成功，给予约翰和詹姆斯引以为豪的遗产，还是公司永保承诺和员工忠诚的成功。20 世纪 90 年代，公司正值重要的国际扩张时期，员工们主动推迟 614 周的假期以满足客户的需求。林肯电气公司成立 100 年之际，员工保证公司实现了 10 亿美元的销售目标。另外，除去退休员工，实际员工流失率为零。[15]

虽然林肯电气公司用了许多方法激励员工，但其擅长创造性地使用物质奖励来刺激员工更努力地工作。公司设置了明确对应的激励措施，因此会谨慎地确定任务和活动，把它们与薪资和奖励对应起来，并在精英制度下为员工的晋升创造机会。这种模式能够有效运转不仅因为林肯电气公司对工作岗位的描述很精确，还因为付出与回报之间的联系很容易理解。这种模式的设计也极其注意细节，那些曾被承诺获得奖金的人都知道，钻空子的机会各种各样。

林肯电气公司对外部奖励的谨慎使用为全世界各地商学院学生所学。我们看到许多其他行业都在强调外部激励，包括投资银行、汽车销售、抵押贷款销售和保险等，但林肯电气公司是极少数财务激励模式受到广泛好评的公司之一。很遗憾没有更多这样的公司，合理使用物质奖励是员工激励的重要组成部分，我们不应该因为投资银行惊人的奖金，或者汽车经销商过于激进的销售策略就弃之不用。

幸运的是，科技进步为物质奖励创造了一些新的可能性。具体来讲，有两种模式值得一提，即在职场施行生产力游戏，以及将奖励作为一种促进合作朝着一个共同目标的方式出现。

生产力游戏

管理者直观感觉只需向职场注入一点竞争，就可能使员工更加努力地工作。但是，越来越多成熟的游戏技术使公司开发用于提高生产力的工具变成可能，从而使这个概念在整体上更为深远。

生产力游戏的一个知名拥护者是微软公司负责Windows安全测试的罗斯·史密斯（Ross Smith）[16]微软公司对简单游戏的使用已有多年，比如“错误大扫除”（bug bash），旨在软件产品上市前扫除最后的错误，但是，史密斯决定尝试一些更为复杂的模式。其中一个例子就是“语言质量检查游戏”（Language Quality Game），目的是帮助确保新版Windows在100多种不同语言环境下都能运转良好。他的团队把全世界每种语言的母语使用者聚在一起组成一个社区，“游戏”开始后，每个人都会看到一系列截图，并对所有问题进行标注。参照游戏世界的惯例，这个任务被分为一系列游戏“关卡”，每个关卡25张截图，并通过一些简单的动画使这项任务具有游戏的感觉。玩家每完成一个关卡的任务就会获得新颜色的铅笔标注，并可以在一个排行榜上实时地看到自己的排位（根据完成的关卡数和找到的错误来排行）。

花几个小时来做这种事是否有趣因人而异，但其效果非常棒，玩家和语言学家都参与其中。在为期1个月的时间里，数千名微软员工参与了36种语言的比赛，审阅了逾50万个翻译后的Windows对话框，发现了许多重要的问题。另外，29%的参与者还提出了额外的建议，对未来的版本大有帮助。这款游戏使团队能够比以往任何时候都要更快地削减了成本，改进了质量，发布了本地化版本的Windows。

罗斯·史密斯尝试了许多相关的游戏，还参与了“严肃游戏计划”（The Serious Games Initiative），即尝试使用新颖的方法把游戏技术带入职场。在另一个不同的领域中，联邦航空管理局（Federal Aviation Authority）已将游戏技术运用于机场安全检测和培训。因为安检人员通过X光检测行李这一工作过于枯燥，并且极少发现真正的枪支和刀具。一个名为“威胁图像投影”（threat-image projection）的技术被用于安全检查，它可以把经过X光机检查的假枪和假炸弹的影像进行投影。当发现可疑图像时，操作员就会按下“威胁”按键，机场会定期打分看看操作员的表现如何。[17]

生产力游戏什么时候有用？罗斯·史密斯认为，当人们试图扩大自身的技能、参与职责范围外的活动时（如超出他们最近的工作范围），这种方法最有效。根据他的经验，这种游戏对刺激那些可能不会发生的行为最有帮助。虽然焦点集中在物质奖励，但史密斯承认，生产力游戏也利用了社会激励（例如，通过排行榜的排名）和个人激励（例如，解决一个难题带来的满足感）的驱动力。生产力游戏已广泛成功地应用于以下方面。

- 为日常工作注入一些新鲜元素。例如，机场安检扫描包裹。
- 使乏味的项目变得具有竞争力。例如，软件开发结尾阶段的错误大扫除。
- 鼓励无条件地付出。例如，要求人们为在线创意论坛献计献策，并投票评选出最佳方案。
- 促进学习。你学得越多，能达到的级别就越高，并获得更高的职能。

奖金

与生产力游戏一样，奖金是颁发给那些在竞赛中取得成绩的人，但奖项的规模和范围通常要大得多。在管理历史的长河中，奖项通常被用作对解决重大技术问题的奖励，[18] 在经历 1 个世纪的停顿后，这种方法的用途迅速扩大。世界知名管理咨询公司麦肯锡的一项研究发现，自 2000 年之来，涌现了 60 项新的奖项，奖金金额从 1997 年的 7400 万美元增至 2007 年的 3.15 亿美元。[19] 许多奖项旨在提供社会福利。例如，X 奖基金会（X Prize foundation）提供的奖项，旨在推动商业化太空旅行和低能耗汽车等领域的“根本性突破”。还有一些奖项纯粹是为了商业目的而设计的：奈飞奖（Netflix Prize）向参赛者发起挑战，要求将奈飞现有的用于匹配客户与电影的算法精确度提高 10%，直到 2009 年才有人摘取这项桂冠。

根据定义，奖项属于外部激励。但是，奖项的吸引力是多面性的。正如我们在 TopCoder 和阿格莱特案例中所看到的，奖项也激励着人们更努力地实现一个目标，因为他们享受赢得比赛的兴奋感，并且他们希望通过解决某个难题而获得认可。当然，金钱确实也是一方面。因此，奖项的迅速普及在一定程度上反映了这些多重好处。这在一定程度上受到科技变革的驱动——互联网的出现使志趣相投的人们更容易结成社区，从而聚在一起解决重要问题。

在企业环境中，设置奖项的效果如何？麦肯锡的研究表明，在特定条件下设置奖项是最正确的战略，如当目标明确且可实现时，当拥有许多有潜力解决问题的人时，当那些人准备承担一定风险和失败的成本时。对一家成熟的公司而言，只需一些创造力便能非常直接地构想各种方法来满足上述条件。例如，我们在第 4 章提到的罗氏诊断公司的团队，他们就很顺利地拿出一笔奖金用来奖励解决他们提出的技术难题的内部研发社区。

物质激励的优势

从整体上看，在什么情况下，物质激励最有价值？

- 物质激励适用于奖励成果。薪资与投入挂钩，奖金、奖项和生产力游戏全都与个人取得的具体成绩关联。因此，只要你确切地知道自己的目标是什么，物质奖励就非常有用。
- 物质激励在付出与结果之间建立了直接联系。当你的目标和手段都已明确时，物质奖励可以很好地巩固这种联系。正如我们在林肯电气公司的案例中看到的，按件计薪就是目标和手段都很明确的典型案例。

- 如果能合理组合，物质奖励就能刺激创新。当目标明确，但手段依个人选择而定时，谨慎地组合物质奖励就能刺激创新——这就是 X 奖和奈飞奖遵循的全部原则。如果在网络环境下最大化地采用不同方法的概率，这种方法或许会有更好的效用。

物质激励的劣势

遗憾的是，正如我们在引言部分讨论的投资银行考虑不周的案例中所看到的那样，物质激励经常失败。物质激励还有一些其他的缺点。

- **物质激励会驱逐内在利益。**奖项激励不仅使银行家关注了错误的事情，即低利润率、高风险的业务，还使他们从事这项工作的最初兴趣被驱逐，取而代之的是贪婪。
- **只要情况发生变化，物质激励的效用就会发生变化。**互联网泡沫时期的股权机制只在股价上涨时有效，且很少被计入其中，因此一旦市场下跌，企业就不得不重新思考激励机制。
- **物质激励很容易失效。**只有在非常特殊的情况下，企业才应该使用奖金和奖项等高杠杆的物质激励。人们需要明白他们的努力会带来什么样的结果，并且在关注某个结果时，他们不应该陷入困境或忽视其他同等重要的结果。除非满足上述两个条件，否则最好避开奖金和奖项。

社会驱动力

物质激励侧重于满足家庭需求和取得有价值成就的个人需求，社会激励则与个人加入某个社会组织，以及在某个组织中拥有地位的需求有关。社会激励涵盖很多激励措施，例如获得认可、地位和晋升，以及加入某个特定的社区，等等。这些奖励全部来自某个雇主，之后渐渐被内化成个人需求。

每家公司都在一定程度上使用社会激励，这本身就是公司关注的一个部分。社会激励与公司业绩最大的区别在哪里？研究显示，在那些个人奖励和物质奖励都较低的行业，工作重复性高且薪资最低的行业，社会激励就显得特别重要，这一点并不难理解。从麦当劳到沃尔玛再到迪士尼，许多公司都面临这个挑战，答案总是离不开我们在这里所说的社会激励。

以欧瑞莲（Oriflame）为例。这家天然护肤品公司成立于1967年，创始人是瑞典两兄弟乔纳思·翰林（Jonas af Jochnick）和罗伯特·翰林（Robert af Jochnick），以及他们的好伙伴本特·赫尔斯腾（Bengt Hellsten）。欧瑞莲是一家产品直销公司，产品通过多层级结构的“顾问”销售。时至今日，欧瑞莲拥有一支大约310万名顾问的销售队伍，遍布五大洲的61个国家或地区（有一半占据所在市场的领导地位）。顾问通过销售产品赚取佣金，当他们完成每年的具体目标时，也就取得了参与激励项目的资格。[20]

印度浦那的梅加·甘地（Megha Gandhi）和苏尼尔·甘地（Sunil Gandhi）在2000年加入了“欧瑞莲家庭”，并对他们在欧瑞莲的经历不吝溢美之词：“我们最初是为了获得高质量的化妆品加入了欧瑞莲家庭，但是最吸引我们的产品是‘成功计划’（Success Plan），这激励着我们去追求高级经理、总监、金牌、一级蓝宝石……头衔，现在，我们升至一级钻石头衔……我们获得了许多现金奖励，还有境外旅游、珠宝、礼物等，这些赋予了我们名誉、声望和地位。”甘地姐妹得到的不止这些慷慨的物质激励，“为了实现所有目标，我们获得了许多支持，有团结合作的氛围，有高层管理人员的激励，还有世界级的培训……”

顾问对欧瑞莲的归属感就是其成功的关键之一。欧瑞莲的顾问数量相当于世界人口排名第 136 位的国家（总共 223 个国家和地区）。他们说着各种各样的语言，有着完全不同的背景、价值观、宗教信仰和政治信念。据翰林兄弟所说，他们感受到社区意识的秘诀就是文化。"共同的文化就是一条无形的纽带。它拥有团结、温暖和带领人们跨越国界和边界的力量。欧瑞莲的文化给予了每个人设定自己目标、收入和工作时间的自由。这是一种基于彼此尊重和信赖的文化。"

欧瑞莲的管理模式旨在使全世界的人们（不管他们的社会地位如何）都能在自己家之外的地方非常容易地开创自己的事业。公司有 3 种核心价值观——团结、激励和热情，顾问对此拥有非凡的热情。"热情的人拥有改变世界的力量，"公司说道："他们热爱自己的工作并信奉自己所做的事。他们内心深处知道，他们能与众不同。"

这里隐含的狂热并不会令人感到惊讶。直接售卖产品是一份枯燥的工作，只有当你开始招募其他人销售产品时才能真正获利（因为你获得了他们的一部分销售利润）。因此，欧瑞莲尽其所能以做到最好来克服这种工作的乏味性，比如强调社区和激情等理念。它们开展各种活动和集会，会庆祝个人取得的成功。这些举措帮助公司为全世界的顾问提供了他们生活的焦点和意义。

社会激励的优势

对于社会激励的作用，我们有什么普遍的发现？社会激励有以下 3 个关键的优势。

- **社会激励创造了能使成员获利的社区。**社区，即一个由许多人组成的团体，他们拥有相同的利益，并且能从成员身份中获得一些价值。因此，管理者的角色是扶植社区以确保不断有人加入。在欧瑞莲的案例中，公司一直在强化成员对其所从事的事业的信念，并源源不断地提供新产品以供销售。在第3章提到的咨询机构伊顿麦卡伦的案例中，社会激励就是细分工作并将其提供给社区成员的构建的过程。

- **社会激励能带来认可**。对出色工作的认可便是最有力量的激励要素之一，这可以是学校老师奖励给我们的星星，也可以是我们的精彩演讲获得的掌声。社会激励提升了我们的责任感，并使我们在同行中赢得地位。欧瑞莲投入很多精力去认可新的、优秀的顾问。麦当劳也非常擅长于采用内部晋升机制，通过许多不同的奖励来庆祝个人取得的成功。
- **社会激励催生对事业的忠诚**。不必说，绿色和平组织这样的由志愿者组成的组织拥有很高的员工敬业度。他们的雇员信仰他们所从事的事业，并且常常放弃晚上、周末和假期来推进这项事业。例如，负责2012年伦敦奥运会的奥林匹克发展协会（Olympic Development Association，ODA）员工的敬业度就相当高，98%的员工表示“他们乐于在需要时奉献更多”。[21] 营利型公司可能不会拥有与绿色和平组织和ODA相同善意的动力，但它们确实执行着更高级的价值观，例如，制药行业追求治愈疾病，教育行业追求知识的进取，家具行业追求“让生活更美好”（宜家的使命）。

社会激励的劣势

与物质激励不同，无条件付出的社会激励强调永远不会有灾难性的后果，但也不是万无一失的，原因如下。

- **社会激励不容易维持**。在一个由雇员或自由职业者组成的网络里，难以建造社会意义上的“资本”，正如我们从欧瑞莲和TopCode案例中看到的，这需要数年的持续努力。
- **难以衡量对社会激励投入了多少**。每种投资都有一个机会成本，对社会激励的投入确实有可能超过其本身的价值。例如，MySpace 或领英（LinkedIn）能否收回对其社群的投资仍需拭目以待。

- **社会激励可能会导致狂热的行为。**对由个人组成的社区而言，成员有可能会丧失大局观，因为他们会变得沉迷于社区所信奉的仪式和信仰。对管理者来说，重要的是要定期地问问自己："这个社区的发展方式是我乐于看到的吗？"

个人驱动力

提升员工无条件付出动力的第三种方法是提高员工从工作中获得的内在满意度。现在，在某些职业中，人们想当然地认为工作本质上是令人满意的。并不是金钱驱使着学者、科学家、艺术家和音乐家，尽管赚不到什么钱，但许多人还是坚持不懈、快乐地免费工作。因此，管理者在监督这类人工作的作用是最小的——他们会引导这些人朝着公司认为有价值的结果努力，并且不会设立障碍。

绝大多工作没那么有趣，但人们仍完全有可能从工作中获得个人满足感。回顾我们在本章前面部分对内部激励驱动力的简单讨论：我们乐于发展个人能力，例如完成一个困难的目标；我们重视以自己认为合适的方式自由地参与某项任务；我们从按照自己的方式与他人的合作中获得满足感。管理者有许多这样的手段来鼓励推动这类活动。

接下来，我们看看英国工程公司劳斯莱斯（Rolls-Royce）的案例。劳斯莱斯与通用电气和惠普（Pratt & Whitney）瓜分了全球的飞机引擎市场。[22] 早在 20 世纪 90 年代初，劳斯莱斯正苦于高企的成本基数和稍显僵化的中层管理，但公司没有把生产外包给东欧或亚洲的企业，而是决定利于英国本土的优势，寻找有创意的方法提高生产力和质量。公司设定了生产力提高 30% 的目标，如果不能实现，未来的投资将转移到英国之外。

通过一系列相关措施，劳斯莱斯开始试验高效能的工作实践，值得一提的是，在其工厂组建的以自我为导向的团队。传统的组装线不提供任何形式的内部奖励，只是给工人分配一个简单的、重复性的工作，他们毫无成就感。在一个以自我为导向的团队里，员工负责分配任务和达成目标，他们学会了多种技能。完成一项工作内部奖励要高得多。

20 世纪 90 年代末，劳斯莱斯在其燃气涡轮和飞机维修与检修业务部门成立了以自我为导向的团队。这支团队负责从根本上重新思考公司的整个管理模式，并与各部门进行了大量的谈判。正如人力资源副总裁玛格丽特 · 吉尔迪亚（Margaret Gildea）所说："这类变革的真正秘诀在于要有一个全盘的、优先的、高层管理认可的理念。这是各种零碎的举措不可能实现的。"[23]

劳斯莱斯的以自我为导向的团队是这样运作的：由 6 个人组成的团队坐在一个放着很多待加工器械的"格子间"里，如铸型、打磨、涡轮叶片精加工等。这支队伍没有领导，个人被期望承担特定的支持角色，如交付目标、缺陷预防等。一段时间之后，这些职责会由团队成员轮换承担，这样每个人都能学到多种技能。整个时间表由监督管理部门和每周的职工大会确定，然后举行不那么频繁的沟通会议，以确保员工能理解他们面临的更广泛的市场状况。

高效能工作实践的引入帮助公司实现了生产力增长 30% 的目标。10 年后，工厂还在继续生产高质量、低成本且具有竞争优势的产品，员工工作的积极性依然很高。但是，这个过程并不那么顺利，劳斯莱斯的管理人员逐渐意识到，真正的以自我为导向是一种理想模式，而不是目前的标准。公司仍致力于追求和改进这种新的工作方式。正如吉尔迪亚观察到的，"这是一个很简单的想法——给团队清晰的目标、工具和培训，借此来解决问题，并改进、训练和指导他们。准备为它们的效力感叹吧！”[24]

劳斯莱斯创建以自我为导向的团队的试验，充分地诠释了内部激励的一个基本观点。如果我们希望员工提高生产效率，如果我们希望他们能追随我们，如果我们想让他们慷慨无私地付出，那么我们必须尽力提升他们的工作满足感。为了提升工作满足感，他们必须拥有一定的自主权，决定他们要做什么和怎么做。员工越是明确他们的工作性质，越明白他们承担的责任，他们获得的内部激励就越多。我们的职责是在给予他们自由的同时，鼓励他们实现自己的想法，使他们找到获得成功的方法。我们还会提供一个支持性的环境，使他们的想法得以实践，精力得到释放。

个人激励的优势

个人激励是指工作能带来最深层的满足感。对管理者来说，问题不仅关乎使用个人激励的重要性，还有他们要怎么做才能激发这些动力，具体如下。

- **为员工提供空间，激励员工承担更多的责任。**劳斯莱斯以自我为导向的团队本质上是使员工走进车间，让他们为自己的行为负责，并理解如何使自己的行动与公司正面临的广泛挑战和机遇相适应。这种方法很好理解，不管是单一的老板与下属的关系，还是整个公司，它都具有明确的目的。遗憾的是，许多管理者仍然不能给员工提供足够的空间，让他们发现自己的错误并从中汲取经验。英国管理学者查尔斯·汉迪（Charles Handy）就此提出了一个有趣的观点。在《大象与跳蚤：个人与组织的未来》（*The Elephant and the Flea: Reflections of a Reluctant Capitalist*）[25]一书中，他回顾了 40 年前在吉隆坡为壳牌石油工作的经历，他体会到了远离总部的快乐，这样他才有了大把的时间在总部发现错误前改正它。他说，如今由于通信技术的进步，他不再享有同样的自由。虽然科技在很多方面创造了价值，但也使错误更容易被发现，这就可能促使公司限制员工的决策空间。

- **给予员工支持，他们就能做得更多。**鉴于个人责任感能够给员工带来内在的满足感，管理者应该扮演什么角色？这又是一个老生常谈的问题，人们一致认为，管理者的角色应该更类似教练，在被需要时提供支持和反馈，并确保前进的方向正确。最近，有一位管理者把自己描述成一把遮阳伞，他保护他的员工不受到“太阳”强烈的光线照射，从而使他们能够不受干扰地工作；另一个管理者则把自己视为一张安全网，在被需要时提供帮助，解决问题。一如往常，这里也需要平衡。虽然个人需要空间发挥最大的工作效力，但他们必须知道从哪儿能获得支持，以及他们需要有人帮助他们保持行进在正确的轨道上。
- **谨慎匹配员工职位，他们就能发挥自己的优势。**我们从一些工作中获得的满足感可能大于从其他工作中获得的满足感。“每个人都应该从事能使自己出色表现的工作……每个人都应该能够看到并享受这份工作带来的成就感，”凯瑟琳·布莱克福德（Katherine Blackford）和阿瑟·纽科姆（Arthur Newcomb）在1914年出版的第一本有关人力资源的著作中写到，但这是一种陈旧的观点。[26]最近，聚焦于我们在职场上的强项而非弱项的观点日渐盛行。[27]作为一种提升内部激励的手段，这个观点拥有巨大的价值。快乐公司首席执行官亨利·斯图尔特指出，他的关键管理原则之一是，选拔管理者应该是依据他们的管理能力（最根本的原则）。他提到了一个营销经理的案例，这个经理精通营销技术，但在人际关系处理方面很糟糕，这就削弱了他和他的团队从这份工作中获得的内在满足感。因此，斯图尔特为他单独设置了“营销专家”这一岗位，整个团队则向另一个擅长人际交往的管理者汇报工作。

个人激励的劣势

让员工更满意他们的工作，这听起来很容易，但要做好绝非易事，并可能会犯下很多错误。

- **把一些控制权交给员工是有风险的。**绝大多数情况下，作为一位管理者，提升个人驱动力的出发点是在做什么和怎么做这两个方面给予员工更多的控制权。这听起来像是一个冒险的提议：你放弃了一些控制权，可能就会放弃一些属于你工作的利益，而且也没有人保证会有一个好的结果。绝大多数时候，这非常有效，但一次糟糕的经历就能使观点发生变化。看看这些流氓交易员，巴林银行的尼克·李森（Nick Leeson）、投资银行基德（Kidder Peabody）的约瑟夫·杰特（Joseph Jett）和法国兴业银行（Société Générale）的杰洛米·科维尔（Jerome Kerviel），他们得到了足够的自由，却导致雇主数十亿美元的损失。遗憾的是，一个一直干坏事的交易员总是能找到方法欺骗系统，但不会阻止银行在此类丑闻曝光后采取各种新的控制手段，导致数千名其他信誉良好的雇员被波及。
- **你可能无法满足员工的预期。**试图提升员工从工作中获得内在满足感的风险还包括你可能无法兑现承诺。我曾参与过美国一家大型电气零售商自下而上的变革项目，数百名员工也参与其中（全都是自愿），旨在为整个公司寻找更好的工作方式。临近项目结束，一份问卷调查显示，参与该计划的员工明显比随机抽取的未参与该计划的员工更敬业。但是，他们也明显地不太愿意留在公司。因为他们的眼界开阔了，许多人开始在其他地方寻找机会，因为他们不相信公司能够满足他们新的、更高的预期。

一些结论

你在职场中使用的激励方式就是你的管理模式的核心，本章的主要意图是罗列出公司内外所有可供你用来激发员工无条件付出的方法。当然，没有一种方法是完美的，你所能使用的方法全都具有优点和缺点。

但是，有两个发现值得一提。第一，虽然内部激励方法与外部激励方法的区别早在半个世纪前就已为人所知，但是很多公司仍将大部分精力放在外部激励上。我们仍有巨大的空间发挥更多的创造性，设计出令人满意的工作。

第二，伊顿麦卡伦（参见第 3 章）和 TopCoder（参见本章）这类基于社区的组织的出现表明，自愿工作的员工至少能变得与签订传统雇用合同的员工一样拥有相同的激励因素。很多基于社区的组织使用的方法同样也适用于传统的职场环境。

第 6 章　要点

鼓励公司员工努力工作的传统原则是外部激励，如金钱、胁迫和惩罚的威胁。替代原则是内部激励，是指来自于与某项任务或活动本身有关的奖励。多年来，理论家们已经认识到两者的区别，并且所有公司都在不同程度上混合使用这两种原则。但是，相对而言，绝大多数公司仍偏重外部激励，如工资和奖金。这就是绝大多数公司员工总体的敬业度如此之低的原因。

本书前文曾描述过一个重要的趋势，那就是网络型组织的兴起，即为你工作的人实际上不是你的员工。因为不能强迫网络或社区的人努力工作，所以公司日渐重视把重点放在他们从工作中获得的内在激励上。这或许是这类人通常比全职员工更能主动和长时间工作的一个原因。

本章描述了管理者可用来刺激提升无条件付出的 3 种驱动力。物质驱动力属于外部激励，主要指金钱和奖项。社会驱动力是指个人成为某个社区一分子所产生的归属感，并为他们提供身份、认可和晋升作为出色工作的回报。个人驱动力是指通过给予个人更多的自由，允许他们发展新技术，从而使实际工作更令人满意。

至于其他内容，每种驱动力都有其优势和劣势。能干的管理者常常综合使用这些驱动力，但情况不同，侧重点也不同。无论这个人是全职员工还是兼职员工，抑或志愿者，这种逻辑都适用。

作为一位管理者，你的挑战是：①理解每种驱动力的相对优势；②评估如何综合使用这些驱动力以匹配你所处的特定环境；③构想并尝试基于这些理念的新激励方法。

第 7 章

管理的 4 种模式

7

我们已经就管理的 4 个维度进行了非常广泛的探讨，了解了它们在传统原则和替代原则中的意义。在本章中，我们把所有这些原则拼凑在一起，就会看到公司如何综合运用这些原则以创建具有意义和连贯的活动模式。我们给出了一个简单的框架，分为管理的“方法”和“目标”，从而得到 4 个与众不同的管理模式：发现模式、计划模式、探索模式和科学模式。[1]

通过把最后 4 章涉及的所有变量汇总成一个二维矩阵，我们大大简化了要做的事。但是，这仍是一个有用的分析方法，因为有了它，我们能够辨别活动的模式或者在我们关注细节时被掩盖的模式。一旦正确地理解了这一全局，你就更容易形成自己的观点，即你的公司或部门应该如何改变自身的管理模式。

本章的指导框架参见图 7-1。横轴代表管理的方法（协调活动，制定决策）；纵轴代表管理的目标（设立目标，激励员工）。每一条轴的尺度由紧到松，传统的管理原则位于严苛端，替代的管理原则位于宽松端。

如何确定你的公司在这张矩阵图的理想位置？在第 2 章中，我们讨论过基于一些公司特定情况的变量或突发事件选择管理模式的问题。结果证明，其中一个关键变量是你的公司处于生命周期的哪个阶段。当一家新公司创立时，其竞争环境通常具有极高的不确定性，公司的发展在很大程度上取决于试错。因此，目标通常是不明确的、灵活的，人们工作很长时间却只能得到微薄的薪水，工作通过非正式的机制得到协调和定义。这就是我们所说的发现模式。我们把谷歌当作这一模式的案例，即使它现在的年收入已突破 200 亿美元，但它的运作方式仍像一家初创企业。

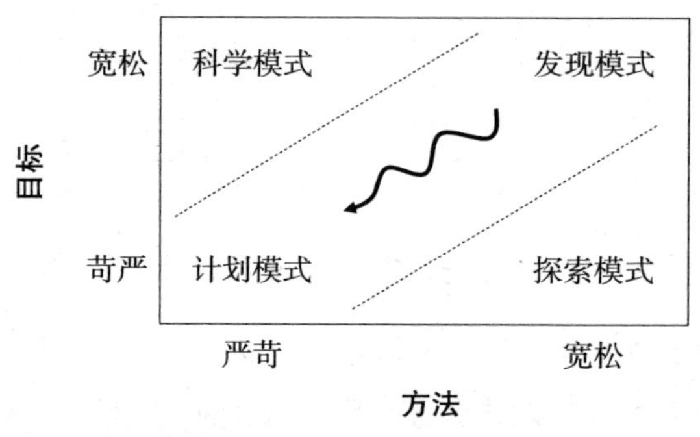

图 7–1　管理模式框架

随着企业的成长并且变得越来越成功，它在市场上的定位就会确立，面对的竞争对手的定位也会变得清晰起来。从内部来看，运营结构更明确，决策更规范，目标也更清晰。这时又变成了我们所说的计划模式。我们用麦当劳的案例诠释这种模式是如何运作的，这家公司精通于以低廉的成本在全世界提供标准化产品的艺术。

如上文所述，随着时间的推进，从发现模式（宽松的方法，宽松的目标）到计划模式（严苛的方法，严苛的目标）的转变是自然而然的。这不是说所有公司都拥有相同的发展路径：有些公司与谷歌一样，多年来一直抵制“成长”；有些公司则像麦当劳一样，有意而为地迅速增长，因为这符合它们的商业需求；而其他公司从这种模式转向另一种模式。值得指出的是，不论采用发现模式还是计划模式都有成功和失败的公司。谷歌的成功或许令人赞叹不已，但早前许多拥有相似商业模式的搜索公司，比如 Altavista 和 Go.com 都没能走到最后。同样地，一些最成功的公司，包括麦当劳、沃尔玛和埃克森（Exxon）等，都采用了不同的计划模式。但是，许多处境艰难的巨头也采用了计划模式。

其他两种模式如何呢？“对角线外”的两个呢？探索模式的特点是严苛的目标和宽松的方法。如同圆桌骑士（Knights of the Round Table）和他们对圣杯的追求那样，这种模式在如何工作方面给予员工巨大的自由度，但对于他们必须达成的目标则有着非常清晰的指示。从字面上看，这是一种很有吸引力的模式，且前文也有过许多案例的讨论，包括 IMB 的价值观大讨论、奥迪康的意面式组织和 TopCoder 的软件社区等全都与放开协调活动和决策方式有关，且这种做法不会让公司偏离总体目标的轨道。但是，这也是一种具有挑战性的模式，因为管理者很难在没有正式程序和规章制度的前提下保留控制权。因此，我们将采用投资银行的案例诠释探索模式，因为它强调了这种模式的成本和收益。

最后，科学模式的特点是严苛的方法和宽松的目标。科学研究是遵循一套既定的和完善的程序与标准进行的，它从知识体系开始，进行受控试验，公布结果，对发现的问题进行同业评审，但它并没有事先确定科学家应该往哪个方向发展。这种模式对方向的指引很宽泛，所以在公司范围内相对不常见。这种模式的使用通常很有限，如研究实验室或者设计工作室。许多专业服务组织，如医疗机构、咨询机构和商学院等，也会使用这种模式的某个版本，因为个人通常认为追求他们的职业目标比所在组织的目标更重要。我们将使用工程咨询机构奥雅纳（Arup）作为诠释这种模式的案例。奥雅纳是一家领先的工程咨询机构，其代表作有悉尼歌剧院（Sydney Opera House）、北京鸟巢体育场（Beijing Bird’s Nest Olympic stadium）和巴黎蓬皮杜中心（Pompidou Centre in Paris）等，公司独特的管理哲学使其非常适于理解科学模式。

诊断你的公司的管理模式

本章将依次介绍每种管理模式，但在详细讨论之前，你或许好奇你的公司位于矩阵的哪个位置。因此，回到第 2 章末尾的问卷调查，在图 7-2 的横轴上标注第 1~4 个问题的平均分（例如，协调活动和制定决策的得分），在纵轴上标注第 5~8 个问题的平均分（例如，设立目标和员工激励的得分）。如此一来，你就得出了你的公司现行管理模式的大概位置。另外，图 7-2 中的圆点代表我在 2008 年所做的一项调查得出的其他公司的位置。正如你所看到的，大多数人认为他们的公司采用的是计划模式或科学模式。[2]

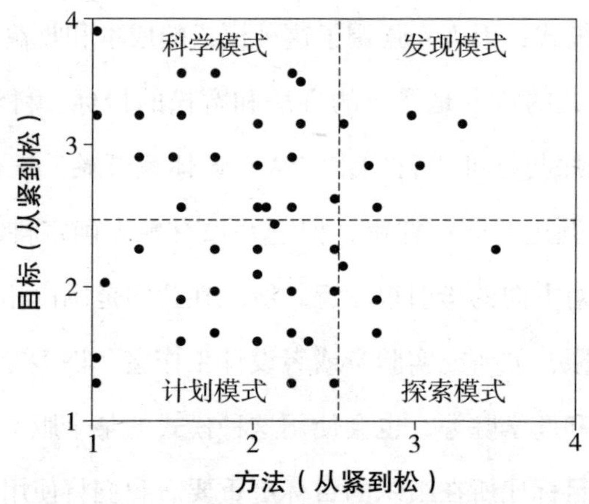

图 7–2　在矩阵中标出你的公司的位置

注：矩阵上每个点代表研究期间每家公司所处的位置。欲获知更多有关方法和问卷使用的详情，请联系作者。

在进一步阐述前，有两点需要说明。第一，你可以在多层面的分析中使用这些问题：公司整体上使用计划模式，与此同时，研发部门使用科学模式，企业孵化器使用发现模式。至于什么样的组合是合适的，这由你来决定。

第二，这个矩阵的价值在于它能帮助你有意识地做出改变管理模式的选择，同时理解你的公司现在所处的位置。如果我们试图放开协调活动和制定决策的过程，会发生什么状况？或者，我们采取一套更灵活的目标，会发生什么状况？这个新模式的优势和劣势是什么？本章我们将解决这些问题。但是请注意，没有像菜谱那样简单的解决方案。这个矩阵能帮助你理解不同方法的优势和劣势，但你面临的情况是独一无二的，你还需要分辨哪种是最优的方法。

发现模式：谷歌

比尔·休利特（Bill Hewlett）和大卫·帕卡德（Dave Packard）在自家车库开创了科技历史，就在这个车库的不远处，谢尔盖·布林（Sergey Brin）和拉里·佩奇（Larry Page）发明了一种算法，这种算法极大地提高了在线搜索的质量。1998年，布林和佩奇以10万美元的启动资金在门罗公园（Menlo Park）的一间车库创建了自己的工作室，他们想把这套数学公式转化为某种商业活动，为公司起名为“谷歌”(Google)。第二年的6月，他们获得2500万美元的风险投资，并开始招募新员工。2001年，Novell原总裁埃里克·施密特（Eric Schmidt）被招募进来，作为对布林和佩奇技术实力的商业平衡。

在尝试了各种商业模式之后，他们开始考虑向广告商收取费用，让他们把赞助链接放在排名靠前的搜索结果旁边。这为谷歌创造了收入，解了燃眉之急。该公司于2004年8月上市。在致潜在投资者的信中，谷歌说道：“谷歌不是一家传统型公司。我们也不想成为那样的公司。”[3]公司开盘价为每股85美元。到了2009年年末，公司股价上涨了近5.5倍。2008年全年实现净利润42亿美元，同期收入218亿美元，拥有20 222名全职员工。

坐落在山景城（Mountain View）的公司总部 Googleplex 非常注重环境保护，这里毗邻斯坦福大学，也非常像一所大学的校园，配备了运动器械、11 家提供免费美食和有机食品的餐厅、医院、洗衣房，建造了池塘和开辟了为餐厅提供食材的菜园。布林和佩奇还以其他方式在谷歌复制了他们在大学校园的经历。从一开始，他们就把那些非常聪明且努力的人聚拢在他们的周围，一起学习、讨论、探索、合作，让世界变得更美好，并从中获得许多乐趣。

如今，谢尔盖 · 布林和拉里 · 佩奇已成为硅谷的传奇人物。虽然谷歌是互联网时代的后来者，但到 2000 年中期就已超过雅虎（Yahoo）、亚马逊、易贝（eBay）和思科，成为全球令人向往的网络公司。我们值得花一些时间来分析谷歌的管理模式，因为它是该公司取得非凡成就的一个关键驱动力。但是，为了防止我们偏离得太远，在我们得意忘形之际，我们也要保持警醒。事实上，谷歌之所以能承担其他公司梦想的大量新项目试验，是因为其强大的盈利能力。因此，虽然我们描述了谷歌模式的关键特征，但我们也需警惕向其他公司推广这种模式。

非正式的结构

我们曾在第 3 章介绍了“在混沌的边缘”管理的概念，这是由斯坦福研究生肖纳 · 布朗（Shona Brown）提出来的，后来她加入了谷歌，并将她的这一想法付诸实践。[4] 谷歌的各项工作由 3~6 人组成的小团队负责，他们自主、高效，项目周期通常不超过 6 周，且目标有限定。这使多个项目能同时推进，并缩短了新品发布的间隔，因此只需几千名工程师就能推动数百个项目。[5] 各团队施行自我管理，并寻求从其他类似团队获得反馈。[6] 在产品开发部的 1 万名员工中，约有一半的员工在以自我为导向的团队里工作，即使非常庞大的项目也被分解成一个个更小的单元。

加里·哈默尔在《管理大未来》一书中把谷歌的组织形式与互联网本身进行了比较，它是高度民主的、紧密相连的，而且是彻底去中心化的。[7]员工也是一个充满挑战性的群体，所以开会是件非常有趣的事，经常反复经过数轮辩论。会议可能会被拖延，因为级别高低并不能左右谁说了什么，或者谁赢得了辩论。正如埃里克·施密特最近发现的，“我有两份工作，一份工作是确保每个问题都得到了讨论，并得出了一个普遍认同的结果，但未必是最好的决策。第二份工作是向员工施压，迅速把观点付诸实践，因为企业竞争拼的就是速度。”[8]

谷歌给予员工很大的自由去尝试各种新想法，无论结果如何都会鼓励有创意的行动。《财富》杂志曾报道过这样一件事，谷歌一位副总裁犯了一个错误，导致公司亏损数百万美元，拉里·佩奇拍拍他的背，说：“我很高兴你犯了这个错误。因为我希望公司既跑得快又做得多，不要因过于谨慎而什么都不做。如果我们没有犯这些错误，说明我们还不够冒险。”[9]

协调活动主要通过非正式的横向机制进行。信息通过以下这些渠道分享：公司内网 MOMA，员工在这里讨论数百个正在进行的项目；摘要，工程师会贴出每周的进度报告；还有大量博客，有个人的，也有项目的。管理作家伯纳德·吉拉德（Bernard Girard）这样说道：“通过这种方式广泛传播信息，员工及时根据公司需求调整自己的工作，并最大化利用同事的才能。”[10]不言而喻，这种沟通是开放式的、交互式的。每周的 TGIF① 大会上，佩奇和布林会先回顾当周要事，之后轮到员工畅所欲言，无拘无束，毫无保留。加里·哈默尔指出，在这种情况下，管理就是“汇聚众人智慧，成就或大或小的决定。这需要开放、透明和大量的横向沟通”。[11]

① Thank God It's Friday，意思是今天星期五。谷歌每周五都会举行这个派对，庆祝周末的到来。——译者注

保证谷歌朝着正确目标前进的另一独门秘诀是庞大的网络志愿者群体。产品验收测试通常由谷歌实验室发布，之后会有大量的测试，以及对产品改进和错误识别的建议。在此过程中，没有核心团队，没有市场研究，仅仅只是尝试，看看人们在想些什么。

谷歌的内部劳动力市场也是基于涌现原则管理的。候选人的选拔可谓是一个血雨腥风的过程，包括 8 轮面试和当场必须解出门萨[①]级别的问题，最后通常由雇用委员会做出决定。高管对录用决定的意见虽然重要，但这必须是大家通过的一致意见。

隐晦而雄心勃勃的目标

谷歌的使命是“整合全球信息，供大众使用，让人人受益”。虽然这听起来有些狂妄自大，但对谷歌所处的这个飞速前进的世界来说，这确实是一个非常振奋人心的口号。隐藏在这个使命之下的便是谷歌的原则，或者说是“十件谷歌认为正确的事”。第一件事，“一切以用户为中心，其他一切纷至沓来”，这是一个典型的迂回目标。这个原则决定了用户界面是什么样的，以及广告必须是谨慎的且与主题相关的。第二件事，“把一件事做到极致”。谷歌确实是做搜索的，它们对搜索的关注使它们能够延伸至未曾开发的领域，从而帮助用户更好地使用不断衍生出来的信息。其他“正确的事”包括：不做坏事也能赚钱，快比慢好，网络社会需要民主，你不一定要在桌子前找答案，未知的信息总是存在的，对信息的需求无所不在，不穿西装也可以严肃认真。[②]

这些迂回目标是如何与公司对股东的义务统一起来的？这么说吧，公司丰

① 世界顶级智商俱乐部的名称。——编者注

② 合计是 9 件事，疑似原文有误。——编者注

厚的盈利帮了大忙，这几乎完全归功于广告链接带来的利润。但是，同样重要的是，谷歌在上市时曾明确表示，它不会和华尔街玩短期盈利游戏。公司创建了两级股票制度，创始人和一些早期的高管仍对重大问题拥有超级投票权，以确保做出的决定与公司的长期使命相吻合。因此，虽然财务业绩仍占据重要地位，但它不会左右短期决策，从而让最高层的“三巨头”能够推进公司的迂回目标。

从激励方面来看，2007 年谷歌被最佳职场研究机构（Great Place to Work Institute）评为世界 100 强公司中排名第一的最适合工作的公司。[12] 约 95% 接受调查的员工说道，“综合考虑，我想说这是一个值得工作的好地方。”谷歌是如何做到的？硬件环境不必多说，对早期员工来说，他们有可能通过快速增长的股价变得富有。至于长期利益，员工在选择和执行项目方面拥有极大的自由度，能够获得实施这些项目所需的技术和资源。谷歌首席执行官埃里克·施密特解释说：“我们把员工视为唯一的资产。其他公司会说它们也这样，但许多商人，特别是私营企业，并不认为员工就是资产，他们认为资产就是能带来现金流和其他东西的业务。然而，我们明白，一个创新的模式只关乎人，只关乎创新的引擎。”[13]

另一个激励因素是创意休息时间（Innovation Time Off，ITO）政策。该政策鼓励工程师把 20% 的时间用于相关的商业机会，另外 10% 用于稀奇古怪的想法。这有助于激励员工，让他们拥有自己项目的所有权。一些在此期间萌发的创意取得了成功，如谷歌建议（Google Suggest）、谷歌新闻（Google News）、谷歌广告（AdSense）和谷歌社交网站 Orkut 等。[14]

作为一家年轻的成长型公司，高成就者也拥有无限的机会。绝大多数高级管理人员的年龄都不到 40 岁。公司还提供慷慨的培训和发展活动资助，包括学费补助、无限制的病假、入职一年后 27 天带薪休假，以及长达 5 年的继续深造进修机会（在此期间可获得 15 万美元的资助）。总而言之，公司每天会收到超过 1000 份的简历，而 2007 年的员工离职率只有 2.6% 也就不足为奇了。[15]

评价谷歌的模式

谷歌可能是这个世界上最不拘礼节管理着200亿美元资产的公司，但是它也不能避免遇到所有具有一定规模的公司可能遇到的问题。“在混沌边缘”管理使谷歌保持了活力，但代价不菲。如果没有正式的流程，就会花费大量的时间在制定和证明临时决策的合理性；如果没有一个明晰的决策层级，当人们做他们认为合适的事情时，就存在不一致重复的风险。因此，谷歌的高层不可避免地开始采取一些措施。例如，2009年6月设立了正式的“创新评估”（innovation reviews），即高管向施密特、佩奇和布林陈述各自部门涌现出来的产品创意。虽然鲜有一个不同寻常的概念，但这种评估“迫使管理层集中精力”，并帮助管理公司的“三巨头”更有信心地押上赌注。[16]可以肯定的是，随着谷歌所处的市场变得成熟，且其增长放缓，未来几年谷歌将引入更多这样的流程。与此同时，谷歌继续以一种特立独行的管理模式运营，许多其他公司都可以借鉴这种模式。

一如谷歌所展现的，发现模式的优势和劣势相当明显。积极的一面，它是自由的、充满活力的，能实现个人抱负的且有趣的。公司鼓励员工积极、主动地实践创意，对于创造成功的新业绩也给予丰厚的奖励。消极的一面，发现模式是混乱的，大公司在采用这种模式时可能会给客户和员工造成麻烦和困惑。

在你的公司中应用发现模式

那么，什么时候应该使用发现模式呢？显然，对初创企业来说，它就是默认的模式。对经营环境变化迅速或不确定的中小规模企业来说，发现模式可能会是一个正确的模式。我们在第3章提到的“在混沌边缘”管理的概念在硅谷非常流行，也适用于许多其他所处环境变化迅速的公司。

对大型成熟公司来说，发现模式也是有价值的，因为它可以作为一种管理某个特别部门或项目的方式，而这些单元或项目正试图做一些不同寻常的事情。过去几年，许多公司曾尝试臭鼬工作组（Skunkworks）或冒险部门（Venturing Unit）的概念，即组建一支非正规管理的团队，负责一些有难度的、不确定的或者反常规的事，通常与公司正规的研发部门呈平行关系，甚至竞争关系。著名案例包括苹果最初的 Mac 团体、IBM 的个人电脑开发团队，以及第 3 章提到的壳牌石油的创意孵化器。臭鼬工作组通常会被鼓励采用一种与公司主流文化尽可能不同的管理模式，因此它们常常会带来许多非正规的方法和迂回的目标。

大型公司还可以通过某个特别的项目来实施发现模式。例如，让我们看看全球酒店连锁巨头喜达屋（Starwood）是如何在巴黎为 700 名高管举办为期一天的发展日活动的。六西格玛和运营创新高级主管罗宾·普拉特（Robyn Pratt）对这个活动是这样解释的，“为了让人们从一个不同的角度看待事物，思考我能不能以不同的方式做这件事”，基于“只从书桌看世界是危险的”原则，他们要求高管们只能带上笔记本、相机和一沓地铁票，漫步巴黎街头，寻找新的视角。每组 7 人，他们被分配了一个核心价值（如漂亮、奢华、风格、亲和力），之后他们要汇报这个词传统的和非传统的意思。64 支队伍回来后，把各自的发现以视觉再现的方式汇总起来，然后每支队伍在这个“展会”上向他们的同僚出售其创意和见解。

对参加这个活动的喜达屋管理者来说，这是一次不同寻常的经历，他们既没有明确的目标，也没有清晰的经营方式。当然，这就是问题的关键所在：公司正在寻找新的方式观察世界，这种方式或许对公司的经营有用，但是，如果人们不能摆脱惯常的做事方式，也就不会获得新的视角。那么，结果是什么？当天收获的 1700 个想法被分成了 4 类——见解、营销（品牌）创意、现有项目的补充和“那就去做吧”，每一类都会由公司不同部门相应的工作人员跟进。普拉特认为，“想象一下，如果我们每天都这么做，如漫步街头，我们的所见所想就会变得不一样。这个过程对于提升我们的竞争优势很重要。”[17]

换句话说，发现模式可以应用于某个特别的部门或是一个短期项目，也可以作为整个公司的管理方式，并且这样做的效用往往更强大。接下来，我们将介绍与其相反的模式，即计划模式，在这种模式中，方法和目标都受到严格的控制。

计划模式：麦当劳

这家收入 230 亿美元的公司，其金色拱门的光芒遍布全球各地，从斯洛伐克到苏里南，从文莱到博兹瓦纳，而最初它只是加利福尼亚州圣贝纳迪（San Bernadino, California）一家只有 20 名服务员和一个烧烤炉的路边餐厅。1948 年，麦当劳的创始人迪克 · 唐纳（Dick McDonald）和麦克 · 唐纳（Mack McDonald）建立了他们的“速食服务系统”，以简化食品生产，并将快餐带入寻常百姓家。几年后，奶昔机销售员雷 · 克洛克（Ray Kroc）走访了这家店，他很好奇麦当劳怎么可能拥有 8 台奶昔机，这个拥有量远远超过他的其他客户。答案就在厨房：兄弟俩把组装线似的生产流程应用于餐馆经营。顾客们蜂拥而至，很开心地享受如此快（订单在 15 秒内完成）、如此一致（汉堡包和炸鸡总是完全相同）且这么便宜的（每个汉堡 15 美分，炸鸡 10 美分）的服务。

克洛克知道他们正在从事某件有意义的事，并通过开设更多连锁店的方式帮助他们进行扩张（之后他进行了收购）。克洛克还想出了一个不错的主意，买下或租赁主街沿线的店铺，并加价出租给连锁店。一些观察人士认为，此举将麦当劳转型成为一家房地产公司，而不是食品公司。从此，麦当劳像蘑菇孢子一般遍布全球：1968 年，麦当劳拥有 1000 家门店，2009 年，在 100 多个国家或地区，拥有 31 000 家门店。

雷·克洛克一直参与公司经营，直至81岁逝世。关于他的描述各式各样，拥有企业家精神的、易怒的、有强迫症的、有非凡魅力的、独裁的、慷慨大方的……他把他的信条也应用于公司的经营理念上：他相信雇用一个人不是因为他是谁，而是他能做什么，他强调个人发展和职业发展的重要性，他理解每个想法的价值，他知道获得认可的重要性，也重视信任。

一台运行良好的机器

麦当劳的运营拥有一套非常完整的体系。它是全球第一家标准化食品生产流程的餐馆，也是自动化操作的早期领导者。这一完整的模式由3个部分组成：公司、连锁加盟店和供应商。雷·克洛克推行加盟模式以促进公司迅速成长。虽然他制订了丰厚的利润分享计划，但作为回馈，他坚持在店面设计和产品方面必须绝对标准化，公司的核心价值观（质量、干净、服务和价值）也必须绝对标准化。自动化的机器和细致入微的操作手册帮助公司实现了合规运营，克洛克则定期或者不定期地到访各家加盟店进行视察。商业作家约翰·洛夫（John Love）在1995年曾这样写道："麦当劳运营体系获得成功的真正秘密不在于其制度，而是在不扼杀加盟商创业精神的前提下强制执行统一程序的方式。"[18]

同样地，供应商也被看作麦当劳的"家庭"成员。麦当劳与供应商紧密合作，提升生产流程的同质性和效率。即使在海外，整套农产品生产制度都全部照搬，[19]因此在其他国家或地区吃到的薯条采用的是当地种植的爱达荷州土豆，并在一家标准化的薯条工厂进行加工，味道和品相与其他地区任何一家麦当劳门店出售的完全一样。

为了提升速度和效率，绝大多数公司的经营都是中心化的：设立大量的区域中心来管理分销；库存管理则通过餐厅供应计划部门（Restaurant Supply Planning Department）执行；所有地区的广告营销计划都通过麦当劳沟通网络

（McCommunications Network）得以及时的批复。公司和员工都严格遵守一份 750 页的培训和操作手册，[20] 人们称其为“圣经”，该手册事无巨细地描述了从生产流程到工作职责再到责任义务等所有的一切。

为了确保产品标准化，并缩短培训时间（因员工流失率较高，平均每位员工在职时间不超过两个月），流程尽可能做到自动化，并尽可能地减少给予员工的决策自主权。对加盟店来说，它们在销量、盈利和坚守公司价值观方面都设定了严格的目标，门店经理也期望竭尽所能地达成这些目标。公司通过现场服务顾问（Field Service Consultants）监测餐厅运营情况，并对质量、服务和清洁度进行打分，这些都是全面运营报告（Full Operating Report）的组成部分。这些评分不仅是更新 20 年特许经营权或批准新开另一家加盟店的基础，也标示出所有者在哪些地方需要改进，以及要努力达成什么目标。[21]

因此，很明显，麦当劳拥有一套严格的体系用来完成工作。但该体系也具有一定的灵活性。首先，这是一个基于尊重的体系。从雷·克洛克上任那天起，公司就鼓励管理者在与员工打交道时要表现出最大的尊重，他们中的绝大多数人都是从基层被提拔上来的。不管级别高低，绝大多数员工都直呼其名。区域经理在走访门店时都要来到柜台前，这不仅表明他们不会戒意弄脏裤子，还表明员工工作的重要性。其次，麦当劳体系中的一些员工拥有某些方面的权威。区域经理要就门店和特许经营权的事做出决定，所以他们经常会和来自营销、公共关系以及运营部门员工组成的委员会合作。虽然加盟店也受到所谓“圣经”条款的约束，但也鼓励他们提出新的想法。实际上，一些最成功的产品——巨无霸、麦香鱼、麦当劳松饼、麦乐鸡以及麦当劳大叔，都是由加盟店提出来的。

因此，虽然麦当劳等级森严，但它以灵活性来调和。一棵树，哪怕是一棵非常高大的树，如果不随强风弯腰，也会被折断。最近几年的经历表明，更认真地倾听消费者心声非常重要。

清晰的目的和目标

雷·克洛克有一个根本的使命："我只想让麦当劳成为汉堡界的赢家。"[22]为了完成这个使命，他知道他必须为顾客提供愉悦的、实惠的用餐体验，他也知道他必须使员工、加盟商和所有相关人员都以此为目标。

但是，截至 2002 年，麦当劳股价在 3 年内下跌了 60%，加盟商经营出现亏损，在有关食品质量的调查中，麦当劳位列所有汉堡连锁店的末位，[23]一项让金拱门重新发光的计划应运而生。这项被称为"制胜计划"（Plan to Win）的全球战略包括一个调整后的使命：打造"我们的顾客最喜欢的餐厅和用餐方式"，并以卓越顾客体验的 5 项基本要素（人、产品、地点、价格和促销）为中心。"[24]

麦当劳是如何激励其员工的？"麦工作"（McJob）这个词在 1991 年被收录至《韦氏词典》（*Webster's Dictionary*），用来指代麦当劳员工所从事的地位卑微、通常压力巨大且薪水微薄的工作。员工常常感觉自己是可有可无的，既没有天分也没有技能。麦当劳的员工流失率极高，不仅因为工作乏味且辛苦，一般来讲，他们也没有什么福利可言，还因为这是一份高中生就能做的工作，或者说就像填表一样简单的工作。因此，激励世界各地成千上万名员工早起并妥当地完成一天的工作，这项挑战远非易事。

麦当劳通过我们前文讨论的社会驱动力来调动员工的积极性，包括表扬表彰、进修机会和"家庭"归属感。这种做法与我们在第 6 章介绍的欧瑞莲模式存在一些相似之处。

公司非常重视各种奖项和庆祝活动。走进世界上任何一家麦当劳餐厅，你就会看到一排"本月最佳员工"的照片。另外，麦当劳还拥有一套充满活力的奖励制度，比如把顾客放在第一位、服务年限或卓越工作表现，等等，奖励形式包括现金、旅游、奖章、奖状和证书等。这些表彰通常都会举办非常隆重且欢快的庆祝活动。从最初在麦当劳加热汉堡到成为一位区域副经理，保罗·法赛拉（Paul

Facella）这样说道，获奖者沉迷于某种类型的认可，因为它代表着对他们“真诚真挚的感激”。[25]一位曾获得总裁奖（The President's Award，每年只有1%的员工获得）的前雇员说道：“麦当劳创造了比我所能想象的还要多的百万富翁，当授予他们奖项时，他们都会泪流满面，激动万分，对他们来说，能和总裁握手就是最高的荣誉。”

在麦当劳晋升和发展的机会比比皆是。有前途的员工晋升得很快（很大比例的高管都是从店员开始做起的），不过，由于职位数量有限，从助理经理到门店经理的晋升之路很艰难。至于麦当劳更高级别的管理者，他们的薪水和奖金可谓是丰厚的。对那些想要晋升或者提升管理技能的员工来说，他们可以通过在线学习网站在店里上课，也可以在全美22个区域培训中心的任意一家上课，也可以在伊利诺伊州奥克布鲁克（Oak Brook, Illinois）的汉堡包大学（Hamburger University）上课，或是其他6个国家的校园里上课。每年全世界有超过5000名员工入学，学习与其级别对应的课程，授课语言多达28种。学习结束后，他们可以获得汉堡包学位，并有可能获得46个学分和晋升的机会。

麦当劳也会有一些无形的福利。管理学教授杰瑞·纽曼（Jerry Newman）花了14个月的时间在柜台后面研习快餐食品行业，并把他的发现写了下来。[26]他发现员工工作是有灵活性的——员工可以去度假（通常是无薪的），照顾孩子。最有价值的员工就是那些能胜任最多不同工作、干得又快又好的人，他们通常能拥有更多的工作时间。相反，表现糟糕的人的工作时间就会大幅减少。对那些能忍受高强度枯燥工作的人来说，在麦当劳工作还拥有就业安全感——由于人员流动频繁，管理者需要留住尽可能多的员工。

评价麦当劳的模式

最近几年，麦当劳的发展并非一帆风顺，这也反映出计划模式的优势和劣势。20 世纪 90 年代，麦当劳就因其雇用制度、屠宰场的处理方式、抢占农田、对海外国家及其文化的入侵和不可循环使用的包装袋等饱受诟病，高脂、高糖和经过化学处理的产品更不在话下。对于这些问题，麦当劳都一一给予解决，过去几年用纸袋取代了泡沫聚苯乙烯，让屠宰场的处理过程变得人性化，菜单里也增加了沙拉等更健康的食品。1999 年，公司出现有史以来的第一次季度亏损，但是，在“制胜计划”战略的指导下，公司做了一些必要的调整，到 2000 年便开始占据稳定的市场份额，并实现盈利增长。

计划模式帮助麦当劳在快餐业占据了主导地位，但是，反过来说，这样一个严丝合缝的体系难以迅速适应不断变化的市场环境。因此，在 20 世纪 90 年代末麦当劳面临上述那些问题时，公司着实花了很长的时间才做出反应，即使做了调整，在产品和流程方面，公司与竞争对手真正的差异已经非常明显。顺便说一下，几乎同样的事也发生在戴尔电脑（Dell Computer）身上，它是一家直接面向消费者出售低成本电脑的大公司，它的经历证明，在市场状况发生变化时，即使相对细小的调整都难以实现。

在你的公司运用计划模式

在一个稳定的世界里，工作相对常规化，并以线性方式进行管理，且未来市场将如何发展具有相当高的可预测性，计划模式就能正常运行。许多成熟的行业适用于这样的模式，但麻烦的是，每个行业或早或晚都会面临某种破坏性的冲击，比如麦当劳遭遇的社会变化、戴尔遭遇的科技变革、埃克森遭遇的经济变化，如此一来，公司就需要做出调整以适应不断变化的市场环境。因此，正如我们在第 3 章所述，许多公司发展出了灵活的官僚体系以给予自己更大的自由度，并且混合使用内部激励和外部激励两种方法。

与发现模式一样，计划模式可用于多层级的分析。即使是像谷歌这样以发现模式为基础的公司，偶尔也会有一些短期管理项目，这些项目具有非常明确的目标和预先界定好的角色。后文要讨论的奥雅纳，虽然整体上运用的是科学模式，但其公共基础设施项目更多地遵从计划模式。

探索模式：投资银行

不同于聚焦单个公司，我们会把整个投资银行业当作探索模式的一个有趣案例。信贷危机时期，有赢家（高盛、JP 摩根），也有输家（雷曼兄弟公司、贝尔斯登、花旗银行），把它们放到一起，我们就能提炼出探索模式的优势和劣势。

我们在第 1 章了解到雷曼兄弟公司如何围绕几个核心主题建立起一种与众不同的管理模式：引进优秀的人才，如果他们表现出色，公司就大方地奖励他们；雄心勃勃的增长目标，以雷曼兄弟公司登顶投资银行榜单首位为目标；一种非正规的、任人唯贤的工作风格，鼓励员工积极主动地寻找新的业务机遇。我们在第 3 章介绍了“内部市场”模式的典型案例，它将某些类似市场的原则（对成功企业家的丰厚奖励，短期利润导向）与传统企业的某些特征（单一品牌，鼓励团队协作和合作）混合在一起。

至于对一致性原则和外部奖励的重视，我们还有一些话要说。投资银行员工受到很多因素的激励，例如签约大客户时的激动兴奋之情，伴随成功而来的身份和荣誉，但是每个人都知道未明确说明的、潜在的动机是什么。在迈克尔·刘易斯（Michael Lewis）的经典著作《说谎者的扑克牌》(*Liar's Poker*）中，他解释求职面试的黄金准则：“永远不要、不能提钱”。同样地，投资银行作为一个整体，其存在的理由都是关于财务收益的——“获得高回报被视为投资银行存在的最重要也最根本的原因，以至于对它的挑战都将受到怀疑。”[27]

但是，正是这种采用相对宽松的协调活动和决策方法，才让这个故事变得有趣。我们在归纳时必须谨慎小心，因为投资银行的许多部门（交易处理部门、信息技术团队、风险管理队伍）都是高度正规化的，并受到严格监管的。施行涌现机制和集体智慧原则的是前台部门，即面向客户的团队；而交易员和投资银行家则被鼓励承担责任，迅速采取行动，并试验新的想法。

我们进一步探究投资银行的决策方式就会发现，控制与自由之间存在一种有趣的张力。一方面，投资银行依赖于规范化的流程和管理，包括运用全系统的程序和规则来评估判断哪些风险值得一试。另一方面，投资银行也看重个性化，包括把评估和做出判断的责任推给前线员工，并要求他们对这些决定的结果负责。[28]

多年来，绝大多数银行都是规范化的拥趸，通常都雇用数百名员工从事风险管理活动。但是，2007 年和 2008 年爆发了大量风险管理不善的事件，这说明即使风险意识良好的管理者也无法做到顾全大局。如同第 3 章所述，“（银行）风险管理的失败源于过分依赖各自为政的业务、产品线和交易部门的低水平的风险决策，从而忽视这些风险敞口对公司整体风险的影响。”[29]

信贷危机时期表现最好的银行正是那些将规范化与个性化相结合的银行。作为一位前合伙人，高盛比其他绝大多数银行更强调个人责任感和个人所有权。《金融时报》报道称：“（高盛）员工通常把自己看作银行的一部分，而不是业务线，他拥有强烈的共同承担责任的精神。”[30] 另一家安稳渡过信贷危机的摩根大通也强调个性化。人人都知道首席执行官杰米·戴蒙（Jamie Dimon）在风险管理领域发挥了积极的个人作用。[31] 早在 2006 年，戴蒙和他的团队就看到了抵押贷款信贷风险和债务担保证券市场风险的初期警示信号，相应地，他们降低了摩根大通在抵押贷款证券的风险敞口。

之所以选择投资银行作为探索模式的案例，是因为这个行业在如何完成工作方面具有高度的非规范性。但是，正如这个讨论所显示的，采用这种做法的机制并不简单明了，个人责任与正规制度之间需要一种微妙的平衡。如同美国宪法中的制衡，公司也需要两者同时并存才能做出明智的风险管理决策。

评价投资银行的管理模式

最近几年，投行业的巨额盈利和亏损都突显了探索模式的优势和劣势。积极的一面，这种模式有助于释放员工的企业家精神，鼓励创新，并有助于公司适应不断变化的市场环境。但是，消极的一面，这种模式冒着制造各种麻烦和无序局面的风险。员工容易过度使用他们的自主权，涉足超出公司战略范畴的业务，甚至铤而走险。雷曼兄弟公司和安然公司都采用了不同版本的探索模式，正是它们创造的非正规化的企业家精神文化使其深陷泥潭。

那么，在什么情况下探索模式最有用？这对于那些老牌公司最为重要，因为它们身处边界明晰且成熟的市场并正在寻求做一些与众不同的事。或许这个行业正受到变革的威胁；或许该公司正寻求扩大市场份额，或者在以一种激进的方式提升盈利能力。在这些情况下，公司目标通常非常明确，但实现目标的手段或许并不清晰。

在你的公司运用探索模式

与发现模式和计划模式不同，很难找到完全遵守探索模式的公司。矛盾的是，探索模式却是许多正在使用计划模式的公司渴望施行的模式。我们知道我们想去哪儿，并且对如何到达持开明的态度，这样的观点确实极具吸引力。

这种模式难以施行，很大程度是因为人们难以摆脱多年来形成的根深蒂固的行为习惯。尽管如此，还是有一些有趣的公司在一定程度上采用了探索模式。我们曾讨论过英国石油执行的同业评审模式是其在20世纪90年代成功转型的关键因素之一。另一个关键因素是每个业务部门负责人与公司高管团队签订的绩效合同。公司原高管罗德尼·蔡斯（Rodney Chase）这样解释到：“我们（高管团队）

在战略范围内协商得出一个绩效合同，之后便退出了。业务部门负责人自由发挥，去做他们想要做的事，不受外界任何人的干预。”[32]这种把明确目标与自主权相结合的方式正是探索模式所关注的。

另一个案例是瑞银集团的私人银行（Private Bank）（现改名为“财富管理”）。2000年，私人银行寻求加快有机增长的途径，并决定取消正规的预算体系，因为它阻挡了前进的道路。当时的首席财务官安东·斯坦德曼（Anton Stadelmann）解释说：“我们为什么要在寻找增长机会的时候执行预算流程？预算具有很强的防御性。它不仅烦琐，还从根本上阻碍了增长。它总是压低核心部门提出的目标，导致人们只会讨论数字，而不是谈论客户和市场机遇。”瑞银财富管理建立了一套新的体系取代传统预算体系，其基础是给予世界各地客户顾问一定的权限，投资（或多或少）他们认为合适的业务。之后，公司不再把客户顾问的业绩与预算数字进行比较，斯塔德曼和他的团队根据他们与自己前一年的业绩的比较以及与同行的比较来评价，由此得出绩效排名，然后纳入年终奖考核标准。这一改变在一定程度上是瑞银财富管理文化的拓展，目标是提升整个银行体系员工的个人责任感和企业家领导力，银行多年来取得令人瞩目的增长，新的体系功不可没。[33]

同样的模式可用于不同层面的分析。作为一名管理者，你最大化发挥团队能量的能力通常取决于你在他们实现目标的过程中给予多大的个人空间。通过给予员工或团队一些“探索空间”，你就能让他们对工作更满意，也就会常常为员工的工作质量惊叹不已。

科学模式：奥雅纳

“反重力之人”是奥雅纳（Arup）明星塞西尔·巴尔蒙德（Cecil Balmond）形

象的延伸，主要是指这家国际工程咨询机构的一些设计有违地心引力的规律。[34] 但是，这个称谓也同样适用于定义这家公司本身，其思维和行事方式已经从惯例和现状的重压之下解放了出来。首先，公司归一家代表全体员工的信托公司拥有，因此不受股东短期需求的束缚。其次，鼓励员工跨越自身学科和文化去思考，并与全世界多种风格的同行合作。最后一点也同样令人兴奋，公司致力于重塑建筑环境，以及设计公司在开拓新领域时所需的工具和技术。奥雅纳表示，方法非常简单："我们要打造一个更好的世界。"

如此非比寻常的企业的背后有一位高瞻远瞩的人，他就是盎格鲁 - 丹麦工程师奥韦 · 奥雅纳（Ove Arup），一个自称喜欢仰望星空的人。有点奇怪的是，据说他把一双筷子放在口袋里，帮助自己从别人的盘子里夹取食物[35]。这也许是他的信念的一个写照：分享（信息、知识、专长和利益）和挑战员工以不同的方式做事。1946 年，51 岁的奥韦在伦敦开始了他的工程咨询业务，得益于公司能够提出先进且经济的解决方案，他的业务范围迅速扩张。让公司第一次获得国际赞誉的便是悉尼歌剧院，这是一次预制混凝土和结构性设计的胜利。

该公司为北京奥运会设计的鸟巢和水立方吸引了全世界逾 40 亿人的关注。或许只有世界贸易中心（Word Trade Center）能赢得更多的关注，原因在于奥雅纳是受邀调查其倒塌原因的设计公司。除了大型建筑和基础设施（包括英法海底隧道和纽约第二大道地铁线），奥雅纳还进行了横向扩张，涉足超轻节能汽车、耐甲氧西林金黄色葡萄球菌（MRSA）、上海近郊的生态村、近海工程、声学和安全管理工具等方方面面。

当奥韦的年龄到了法定退休年龄时，公司董事会授予他永远 64 岁的奖项，如此一来，他就可以继续工作。[36] 奥韦去世时，享年 92 岁，与雷 · 克洛克一样，他留下了一套准则，最早出现在 1970 年的重要演讲中留下了一系列原则，[37] 这些原则如今已成为传奇，直到今天还在影响着这家公司。这些原则包括：可持续性、人道主义、质量、工作应该是有趣的和有价值的。他也强调公司应该是“人性化的和友好的”，并且在“处理自身和他人问题时要学会尊重”。有一个词在演讲中被反复提及，那就是“整体”，这一理念不仅运用于奥雅纳的设计和该公司坚守的“一体化设计”（Total Architecture）概念，还运用于员工的思维和工作方式中——结果需是可持续的解决方案。

奥韦启发性的哲理，加上员工的聪明才智及其独特的管理模式，公司已成为工程、设计和规划领域的行业领导者，2007—2008 年总利润达到 8140 万英镑。[38]

一种强化的结构

每天，奥雅纳的设计师们都在欧洲、东南亚、非洲、澳大利亚和北美等 30 多个国家和地区的 90 个办公室里从事数千个重大项目。归功于完善的内联网，人们可以随时与地球另一端的同事就同一个项目进行合作。

不管身处何方，6~100 人就能围绕一个项目组建起一支技术娴熟的队伍，而团队负责人会根据特殊的专长和项目需要进行轮换。“我在奥雅纳时还很年轻，当时有件事让我感到惊讶，这周我在为某个人工作，下周就变成他为我工作，”前主席特里 · 希尔（Terry Hill）在一次采访中说道。[39] 各地领导者在工作方式方面拥有极大的自主权，这使公司可以根据特殊的市场需求创造一个适合的、创新的环境。[40] 辅佐 10 000 名员工的是“知识活动家”（knowledge activists）网络，他们是资源，是良师益友，也是推动者。

虽然团队的结构是灵活的、动态的，但工作是根据非常清晰的规则和程序完成的。请记住，奥雅纳的许多专业员工都是优秀的工程师，他们习惯于在每个项目的所有阶段都按照正规的程序进行。所有工程项目，不论公共工程还是私人建筑，均有外聘的专业机构和监管机构负责监督。在奥雅纳内部，有许多工具和技术可以将人们凝聚在一起，支持项目实施，使战略知识管理贯穿于整个公司，并带来全球范围的合作和沟通。[41]

奥雅纳在他的重要演讲中谈到需要“某种类型的层级制度，并且这种制度应尽可能以职能为基础”，他还补充道：“一个强大的协作机制总是必不可少的。”[42]但是，它不会阻碍前进的道路。希尔在另一次采访中说到他“最初被……人们不在乎职位级别的高低而团结工作的能力所惊讶”。[43]奥雅纳的决策结构是跨地区的、跨学科的。政策由集团董事会决定，但董事会主席和成员是轮换的。来自全球各地的理事和负责人代表董事会向公司受托人和公司本身汇报。五大地区各自为自己的地区性战略和管理负责。4 个市场（房地产、社会基础设施、运输与能源以及资源与工业）针对客户制定合适的战略。奥雅纳经营 18 个领域的业务，并与各地和全球领导者齐心协力、共同开发这些业务。

因此，你可以看到奥雅纳在协调工作方面采用的手段相对严苛。许多正规的流程都是受到外界因素的驱动的，例如从建筑规范到采购政策等。但是，在奥雅纳的理念里也存在着某种东西，鼓励员工遵从公认的管理准则，即使在没有严苛的等级结构中也是如此。

可持续的目标

奥雅纳的重要演讲非常清晰地表明：公司员工是如何看待目标的。以下是他对人们为什么要工作的看法。

> 有两种方式看待你赖以谋生的工作。一种是工作是罪恶之源。你的生活就是在你“自由”时间内的休闲活动。另一种是让你的工作变得有趣和有价值。你享受工作和休闲的生活。我们坚定不移地选择第二种看法。

以下是他对激励和幸福的看法。

> 看待追求的幸福也有两种方式。一种是直接获得你渴望的东西，不考虑任何人。另一种是承认没有人是一座孤岛，我们的生活不可避免地会与其他人交织在一起，这会带来一种态度，即给予他人追求自我的权利。我们还是会选择第二种。

令人惊奇的是，奥雅纳的观点惊人地与本书描述的迂回原则和内部激励不谋而合。在他看来，员工享受工作和追逐目标是因为这些东西是有趣的、重要的，而不是因为它们能赚钱。奥雅纳在2005年制订的5年计划就很好地印证了这个理论。在拟定这个5年计划的过程中，公司仔细地分析了引起变化的因素，并据此分辨出哪些领域应该更受关注——气候变化和城镇化的影响，以及全球清洁水供给和可再生资源。这也进一步明确了公司的目标：利用对客户的影响力打造一个更好的世界，让自己的经营和项目都成为可持续的，并成为所涉足领域的“领头羊”。

除了提供有趣的工作，奥雅纳还为员工提供了其他的进修方式。公司坚定地致力于发展自己的员工。员工自身的发展很多就来源于工作中，比如与多个领域的专家一起工作，从中受益。除此之外，公司还拥有各种类型的网络、人员、培训和职业发展计划。例如，奥雅纳事业（Arup Cause）为员工提供有组织的个人发展机会，利用他们的专业技术，为全球发展做出贡献。那些已经证明自己天赋和才能的员工有机会并受到鼓励从事人道主义项目，不管3个月还是1年，抑或是受灾地区的紧急救援。

这种做法是有效的。奥雅纳2008年员工调查显示，员工对工作的满意度为85%。员工认为，他们的工作有着很高的安全保障，他们能够发挥和提升自己的技能，感受到公司对员工幸福的关怀，拥有一个开放的、友好的、低官僚作风的文化氛围，并鼓励创新、分享观点、从别人的错误中汲取经验。[44]

评价奥雅纳的模式

奥雅纳是一家非常成功的公司。公司员工拥有很高的满意度，通常工作时间非常长，因为他们享受工作，客户也非常赞赏他们有创意的设计和解决方案。"宽松的"目标使奥雅纳成为有趣的、能启发灵感的工作之地。公司鼓励直接面对客户工作的员工积极、主动地开发新服务，并追求新的市场。但是，公司内部也有很多关于其管理模式的讨论。奥雅纳的竞争对手绝大多数都是上市公司，过去10年，其中几家公司增势更猛，尤其是AECOM。奥雅纳很少进行收购，或许是担心文化是否契合，或许是担心巨额借款。一些观察人士也曾表示，公司的迂回目标及其对内部激励的重视意味着奥雅纳缺乏一些上市公司（竞争对手）所具备的果断和纪律。

最近几年，公司已经就管理模式进行了一些渐进式的改革：执行了更严格的财务纪律，更关注那些能产生可观利润的优先项目，但总体结构上仍施行奥韦·奥雅纳在40年前提出的价值观和管理理念。

在你的公司应用科学模式

如图7-1所示，许多公司采用了科学模式中的一个版本——相对严格的制度和程序，但相对宽松的目标和目的。这种模式通常见于许多专业服务类型的公司，比如奥雅纳等工程公司，还有某些律师事务所、会计事务所和管理咨询机构。例如，我们在第5章曾说过，许多大公司的研发实验室就拥有创造性的目标。广告公司、设计工作室和媒体等需要有创意的团体，也使用不同类型的科学模式。

再强调一遍，科学模式的难点在于自由与控制之间的张力。但与鼓励人们追求新方法实现小目标的探索模式相反，科学模式是使用已有的工具和方法开拓新领域。沃特·迪士尼（Walt Disney）的说辞是“我拍电影不是为了赚钱，我赚钱是为了拍电影”。所以，迪士尼的创意团队在提出电影新概念方面拥有极大的自主权，但与此同时，他们在一个结构清晰的组织里运作，确保电影能在预算内按时制作完成。

虽然科学模式确实可以适用于许多公司，但也可以看作构建某个特别项目或活动的一种方式。当个人拥有明确的角色和技能时，当你试图整合他们的才能或想法来创造某个全新的事物时，科学模式就是最有效的。出于一些明显的原因，管理学作家艾迪·奥本（Eddie Obeng）把这种类型的项目称为“拍电影”（Making a Movie）。

一些结论

本章讲述的 4 个基本管理模式展示了管理拼图的各个小块是如何拼凑在一起的。但是，它们或许还过于简单，不同的管理元素只是被分解成两个维度。因此，通过这个框架来诊断你的管理模式就有点像用一个性格测试来理解内心深处的你：它只是告诉你如何从这两个重要的维度与其他模式进行比较，不能揭示有什么能让你与众不同。当然，独特性是商界的根本所在，因为你要让你的公司及提供的产品或服务，有别于你的竞争对手。

因此，不应该孤立地看待本章内容。如果你的整体的管理模式是本章所关注的，那么前 4 章就提供了许多详细的观点，你或许可以借此微调或调整你的管理模式，以适应商业环境中不断变化的机遇与挑战。接下来，我们要讨论的问题是，你如何改变你的管理模式，作为一个个体，你可以采取哪些步骤来有意识地、明确地改变你的公司的工作方式。

第 7 章　要点

本章把前面 4 章的内容组合起来得到了一个统一的框架。我们在方法和目标之间做出了一个概念上的区别：方法指代协调活动和制定决策；目标指代设立目标和激励员工。通过在一个二维矩阵上标出方法和目标，我们得出 4 种基本的管理模式。

发现模式具有宽松的目标和严苛的方法，最常见于初创企业。谷歌身上仍然有最多的发现模式的重要特征。

计划模式具有严苛的目标和严格的方法，它是大型成熟企业的默认模式，它们具有清晰的战略目标和一套惯用的工作流程。计划模式没有什么不妥，在一个稳定且可预测的商业环境里，这种模式是非常有效的且有利可图的。麦当劳就是计划模式的代表案例。

探索模式是指公司拥有非常明确的目标，并主要通过外部手段激励员工，但在如何实现这些目标方面给予员工极大的自由。这是一种难以管理好的模式。我们考虑把投资银行业作为这种模式的有趣案例，因为它既包括像高盛那样一直表现优异的公司，又包括像雷曼兄弟公司那样在金融危机时期深陷泥潭的公司。

科学模式采用相当严格和标准化的流程，但鼓励员工寻找并利用任何可用的机遇。我们以工程咨询机构奥雅纳为例阐释科学模式。奥雅纳的不同之处在于，它明确地执行迂回原则和内部激励，与此同时，它的员工几乎都是工程师，公司遵循正规的制度和程序运作。

第 8 章

变革推动者的议程

8

1987 年夏，阿特 · 施耐德曼（Art Schneiderman）面临这样一个窘境。作为亚德诺半导体技术有限公司（Analog Devices）质量改进部门的负责人，他被首席执行官雷 · 斯塔塔（Ray Stata）要求开发一个新的年度计划流程，重点关注质量改进的非财务驱动因素。斯塔塔对创新和组织及其员工的工作方式很感兴趣。但是，在他身边的首席运营官杰瑞 · 费舍曼（Jerry Fishman）更关注财务业绩和利润。内部人士把斯塔塔 - 费舍曼的合伙关系称为“双头怪物”。正如施耐德曼所说：“意见不同的人在一起工作得非常顺利，除非你被夹在中间。我很早就知道我被夹在中间。我不得不处理好与雷的关系，还要处理好与杰瑞的关系。”

在施耐德曼主持的月度业务会议上，这两位公司高管的不同做法表现得淋漓尽致。斯塔塔总是把非财务业绩指标放在会议议程的首位，然后是财务指标，费舍曼则会把它们的顺序换过来。

费舍曼向施耐德曼提出要求，希望他能找到一种让两个人都满意的方法。几天之后的一个晚上，施耐德曼在家里看到了一则电视广告，介绍瑞斯（Reese’s）花生酱夹心巧克力杯是如何把两种不同的产品——花生酱和巧克力混合在一起的。据他回忆，“突然间，灵光一现——将财务和非财务指标合成一个单独的议程项目。于是，我在计分卡上增加了几个关键的财务指标，令所有人都满意的是，问题得到了解决。”

施耐德曼的新汇报体系被称为模拟设备内部的企业计分卡。几年后，哈佛大学教授罗伯特·卡普兰（Robert Kaplan）在1993年出版的《哈佛商业评论》中就他的做法写了一篇文章，题为《平衡计分卡》（*The Balanced Scorecard*）[1]（虽然没有提到亚德诺半导体的名字），从而使这个概念广为流传，并得到了广泛的实践。今天，平衡计分卡成为使用范围最广的管理工具之一。[2]

平衡计分卡的起源是管理实践中如何产生创新的典型案例——有益的环境、个人主动性和缘分的结合。实现管理创新没有标准的公式，但是，你确实可以通过做一些事来提升通过改变管理模式取得成功的概率。这就是本书第二部分的重点。如果说第3~7章主要讲什么是管理模式创新，那么接下来两章的内容主要是关于如何实现它。

众所周知，一个成熟的组织要做出改变是缓慢且艰难的。引入新产品和服务本身已经够难了，尤其是这些产品和服务与一直以来惯用的方式背道而驰时。若要引入新的管理实践，而且其潜在收益非常主观且不可测时，那就难上加难了。只有付出巨大的努力和拥有坚定的个人信念，才能把一个组织带出过往实践的深渊，进入一个全新的轨道。

谁是这出戏的主角？当然，我们有首席执行官，他对公司的长期成功承担终极责任。亚德诺半导体的雷·斯塔塔虽然不是平衡计分卡的原创者，但他为施耐德曼提供了试验空间，并在推进过程中给予支持。首席执行官的视角将在第9章重点介绍。但是，任何一家中大型公司里都拥有数百名像施耐德曼这样的中层管理人员，他们对公司未来的走向有着自己的看法，并且对应该做出什么改变才能取得成功拥有实用的见解。本章就是为这些人所写的。我称他们为“变革推动者”，因为他们在其中扮演着至关重要的角色。[3]还有第三类行动者，像罗伯特·卡普兰这样的外界顾问和专家，他们常常为像阿特·施耐德曼这样的变革推动者提供有力的支持。

变革推动者与生俱来就是企业家，虽然他们没有采取行动的正式权力，但他们能发现机会并选择以某种方式推进，或许是在他们的直接权限内有一些行动，或许是与志趣相投的人结成联盟，或许是推动老板尝试一些新事物。这让我想起美国人类学家玛格丽特·米德（Margaret Mead）的名言："永远不要怀疑那一小撮有思想、有决心的人改变世界的能力，事实上，改变世界的恰恰就是这样的人。"这在社会变革领域确实如此，昂山素季（Aung San Suu Kyi）等人就为之付出了努力。公司变革领域亦是如此，成功的商业理念通常都源于中层管理人员的不懈努力，虽然他们的成功与正式制度有关，但不是因为这个才成功的。一些有名的产品案例就是自下而上的创新者付出努力的结果，比如索尼游戏机、惠普激光打印机、爱立信移动电话业务和微软的网络浏览器等。

本章的目的是聚焦于你作为变革推动者在构想以及在公司内部推进管理模式创新方面扮演的角色。你希望看到管理实践有哪些方面的改变？你应该从何入手？你应该会和谁合作？虽然你可能没有正式的权力，也没有预算，甚至也没有首席执行官那样的远见，但你非常明白是什么阻碍了你的公司发现自己的潜能，并且你在执行这些变革时拥有的自主权通常大于你所认为的。让我们来深度解析两个案例，看看它们是如何在一个大型成熟企业里追逐自己的管理模式创新的：微软的一位部门经理寻求通过开发一种不那么官僚主义的工作方式来提升其团队的内部激励；瑞银集团投行部门的一群中层管理人员寻求利用组织的集体智慧来开发新的、更好的工作方式。在这之后，我们将分析能从他们的经历汲取哪些重要的经验。

微软和它的 42 项目试验

罗斯·史密斯（Ross Smith）不是你常见的那种企业高管。比起手握电脑鼠标，他更乐意玩滑板或者 X-Box 游戏机，他甚至没有一套商务西装，但是，他已经在微软待了 18 年，现在负责对那些创新的管理技术进行有趣的试验。[4]

史密斯在微软的 Windows 部门领导者一支由 85 名员工组成的团队。该团队致力于确保 Windows 安全性能方面的质量。这听起来或许不那么吸引人，但却是微软内部压力大、地位高的工作。马克·麦克唐纳（Marc McDonald）是微软最早期的员工，他也是这支队伍的成员之一。其他成员也是因在某些方面拥有成功的开发管理者经验才被选入该团队的。因为信任所以期待，Windows 确实值得信赖。

2007 年 Windows Vista 问世后，史密斯接管了 Windows 安全测试团队的工作。作为上任前的准备，他与团队每个人——所有 85 名员工进行了单独的会谈。“在与他们进行会谈时，我开始意识到这支团队的天资如此之高。1/3 的队员具备硕士或更高的学历，这是非常罕见的。从每年的员工调查中，我知道这些员工感觉他们并未充分发挥自己的才能。我们的工作性质是那么与众不同——高强度的、辛苦的，但是有紧张也会有松弛，这意味着有时候还有余力进行头脑风暴，甚至实施行动。因此，这促使我思考我们能为这些人提供什么，从而发挥他们的聪明才智。”

测试组的成员都活跃在网络上，他们热爱竞赛，沉迷于各种形式的科技，也许让人意外的是，他们还是求知若渴的读书爱好者。史密斯发现，“Y 世代都希望从事酷酷的尖端项目，Y 世代希望他们的工作得到同行、家庭和朋友的认可。”如果工作的地方不提供这类项目，许多 Y 世代就会选择在网络社区搜寻并在空余时间免费从事这类工作。

随着史密斯对他的新团队的了解，并开始理解他们为什么会那样，他看到了一个以不同方式做事的机会。“我们想知道，我们可不可以把那些额外的精力引入微软内部，共享我们的人力和公司资源，从而鼓励某些创新可以发生在公司内部。我们想要创造一种这样的环境，即团队在‘如何做’方面拥有更多的自由，而不是麻木地专注于‘做什么’。”

起点

2007 年年初，团队程序员罗伯特·马森（Robert Musson）无意中看到英属哥伦比亚大学（University of British Columbia）的约翰·海利威尔（John Helliwell）和黄海方（Haifang Huang）撰写的一篇文章，文中阐述了信任、薪资和工作满意度之间的关系。[5] 马森说道：“迄今为止，对管理层的信任是需要考虑的最大要素。也就是说，如果你换了新老板，那么你对管理层的信任度就会上升一点——如果以 10 分为满分，那就是上升一个点。根据海利威尔和黄海方的计算，那就相当于薪资上涨 36%。”

团队开始思考信任在微软的环境中所能发挥的作用。信任是一个庞大且抽象的问题，但它是工作生活与工作关系的核心。在史密斯看来，“信任就像是自由和空气。当你失去它时才知道它的存在，但在拥有它时真的很难度量和认识它。”

因此，头脑风暴的第一步就是辨别人们日常工作中的哪些行为会影响信任。在此过程中，团队设计了一些游戏和试验，试图给这张长长的清单排出优先顺序，并更好地了解做些什么才能提升信任度。在微软团队用来开发其信任模式的游戏中，用户被问道，“对你来说，哪个信任因素更重要？”然后给出一系列两个选项的答案，如“不要回避真正的问题”和“不要逃避现实”。用户想选几个就可以选几个，然后就能得出所有受访者的结果。

结果是一份排列顺序更加明了的信任因素清单。这种方法的问题在于，它是有情境的，这个顺序或许适用于我，但可能不适用于你，抑或周二适合我，但周五就不适合了。更多研究得出了可供人们参考和使用的剧本。“更透明”或“表现正直”等元素更为突显，团队面对的挑战是如何把这些观念与有形的活动联系起来的。于是，团队成员就每种信任行为撰写了一段评论。这些信息像维基百科那样公之于众，以便社区参与进来，并加深理解。40% 左右的 Windows 安全测试小组成员为这个过程做出了积极的贡献。

凡事都要讨论

为了保持对话的开放性，该团队从 2007 年秋季开始了每周一次的“免费比萨饼”（free pizza）会议。事实证明，这是一个强大的论坛。史密斯解释说：“这些会议源于信任，并随着项目的变化而变化。人们可以表达自己的观点，也可以是头脑风暴，但是，真正的核心目标是保持这个项目的活跃度，并围绕团队建立联系。结构是扁平化的——每个人的观点都得到平等的对待，每个人的评论都是有效的。它给员工提供了一个分享各自观点、分享正在进行的项目的平台。

一次对话就会引发另一次对话。一些用于分享项目进度信息、提交求助请求和推广新观念的网络工具得以引入其中。史密斯说：“希望人们用脚投票选出好想法。这里没有社区评级制度，也不会对每一个观点进行投票。观点就像是孩子——每个人都喜欢自己的孩子。我们希望这个计划能支持这个想法。如果你看到了一个你喜欢的观点，你就可以跟提出这个观点的人交谈。这为人们提供了另一个推广他们观念的平台。”

为给它命名

学习、信任、尊重新工作方式的精神活跃在 Windows 安全测试小组中，但是，它需要一个名字。最后取名“42 项目”。对不知情的人来讲，数字 42 是道格拉斯 · 亚当斯（Douglas Adams）小众经典著作《银河系漫游指南》（*The Hitchhiker's Guide to the Galaxy*）中对生命、宇宙和所有一切的答案。书中，名为“深思”（Deep Thought）的计算机花了 700 多万年时间才算出答案——“‘我彻底检查过了,’计算机说道:‘这就是真的答案。坦白地讲,我认为问题是你根本永远不会知道问题是什么。’”

数字“42”精准地抓住了这支团队工作方式的精髓和项目本身的宏大目标。它也可以被用来描述 Y 世代的精神。2007—2008 年,项目实现了有机增长,尚处于试验阶段的项目就为团队内部带来了一次深远的文化转变。当时刚毕业就加入测试组、任职软件开发工程师的乔森纳(Jonathan Ng)说道:“42 项目的最优之处在于,你只管投入工作,明确自己的职责。职业生涯中真正的自我角色定义直到最近才发生。”

另外,这个概念也吸引了高级管理人员。麦克唐纳是微软最早的员工,他是比尔·盖茨(Bill Gates)的高中朋友,也是安全测试小组的关键成员。如他所说:“通过拆解大公司的层级,42 项目试图重新找回你刚加入一个小型初创企业或一个行业萌芽时的感觉和激情。”这支团队还拥有 10 多位在微软待了 10 余年的高级员工。这个项目对他们的吸引力不逊于对 Y 世代员工的吸引力。

另一个重要的进步是获取新员工最原始的反馈,这就是后来有名的“42 新项目”(42 New program)。这一举措主要是为工作经验不足两年的员工提供一个单独的论坛,以便他们分享自己的观点。项目经理洛丽·埃达·基提(Lori Ada Kilty)这样解释道:“我们聘请真正有才华之人,当他们第一次开始工作时,他们要独自解决问题。许多人认为,我们无须浪费时间去聆听他们不得不说的话,因为他们没有丰富的经验。因此,我们创建了‘42 新项目’。这是一个没有管理人员参与的论坛,新入职的员工可以畅所欲言。他们聚在一起,表达自己的观点,讨论困扰他们的事,或者他们希望看到的事。”

玩游戏

正如我们在第 6 章所见,游戏精神对 Y 世代来说是必备的,因此,史密斯就顺其自然地将玩游戏作为学习的一种手段。当一个产品需要推向某种行为阶段时，团队就会围绕它设计生产力游戏。回想一下测试组是如何组织“错误大扫除”的，找出错误最多的参与者就会获得奖励。但史密斯和他的团队又更进一步，“使用游戏是影响公司行为发生变化的一种有效方法，尽管它在设计和使用中需要谨慎。”

因此，团队希望通过某种方法把游戏规则融入工作之中。例如，有位团队成员渴望学习一门新的开发技术，设计了一个客户回馈游戏的原型。他能够与另一个正尝试通过母语使用者帮助核查 Windows 国际版的员工建立联系。测试经理马克·汉森（Mark Hanson）解释说：“我们的文化是竞争性的。人们天生喜欢竞争、喜欢玩游戏，并且希望看到自己登上排行榜榜首。”

甚至在史密斯掌舵之前，这支团队的灵感来源就是记录下来的文字。小组成立了一支名为“42 本书”（42 Books）的团队，鼓励员工阅读，讨论不同内容的文章，并为此投入预算，绝大多数集中在关于创新、领导力和信任的图书上。这支团队还接待过《以信任为中心的领导力》（*Trust-Centered Leadership*）一书的作者迈克·阿默尔（Mike Armour），还与《放松效应》（*The Levity Effect*）作者之一的艾德里安·高斯蒂克（Adrian Gostick）展开了一次讨论。

所有这些都与推动变革过程有关。史密斯评论说：“我们曾有过一些例子，有人有兴趣学习某个事物，但他们不是在家研究，而是带到团队里来。无论是一本书、一个想法、一个项目，还是一个课程，在这里做，就有机会获得更多的资源，接触到以前使用过这些技术的人，以及找到最终成果的潜在‘客户’”。

信任也是不断变化的。正如汉森所解释的，“我们给予员工空间去放下他们不感兴趣的，去做他们自己的事。我们相信他们能做好本职工作、实验和创新，并乐在其中。我们形成了一种信任关系，无须记录你的工作时间，或者提供你在家工作的证明。”

传播消息

团队的成功来之不易。根本性的变革通常不会从底层出现。但是，现在有可靠的证据显示，史密斯在 2007 年年初启动的变革计划正在取得成效。这支团队的员工保持率高于以往任何时候，对测试等这样的专业工作来说，这是一个很重要的因素。团队的参与度也极高。Office 部门的测试经理迈克·索弗森（Mike Tholfsen）这样说道："找到 42 项目就好像走进了一个避风港，这里有我最渴望得到的东西——建立信任，试验各种新的管理方法和组织动态，发现新的创新概念，以及一点点打破规则。"[6] 最为重要的，生产力和质量指标都显示出史密斯的团队是整个微软公司表现最好的团队之一。

史密斯文化变革的下一步是什么？他所在部门创造的参与度如何提升并扩大至微软其他部门？ 2008 年 9 月，史密斯有机会把他的观点发表在微软内部博客网站上，该网站向微软全球 6 万名员工开放。他的文章聚焦 42 项目的精髓："基本上，回想一下你加入微软的那一天，当时你的志气，以及将要改变世界的那种感觉。我问，'你今天还能有当时的那种感觉吗？'于是我提到 42 项目的几个主题，比如信任和赋权等任何人都会首先关注的问题。"这篇博文得到了所有微软员工的热烈回应。2009 年，史密斯受命负责 Office Communicator 测试和设计部门，与一支 85 人的新团队"施展他的魔法"[7]。

罗斯·史密斯或许不是典型的公司高管，但他执掌 85 人团队所面临的挑战与许多中层管理人员面对的挑战没有不同：如何最大限度地发挥员工的潜能，从而提升他们在职场的参与度和生产力，以及如何尽自己的一分力量来完善这个组织。虽然他的做法具有浓烈的个人主义色彩，但关键的是没有任何人参与其中。他起了个头，然后就是让它保持前进。

克里斯汀·多尔和服务外包项目

另一个完全不同的变革案例是克里斯汀·多尔（Christian Doll）的故事。多尔是西门子 IT 解决方案和服务集团（Siemens IT Solutions and Services）的一位中层管理人员。2007 年，他被派往一家大客户公司，客户要求西门子在 100 个国家和地区提供现场服务（处理技术问题）。据他回忆，“我们公司没有这么多技术人员。”虽然这支团队最终成功地完成了这个项目，但多尔感觉到他们是在玩一个复杂的且高风险的游戏。“我想为此做些什么，避免这种情况再次发生。”

西门子有哪些不同的做事方式？“为新业务设计方案可能是复杂的。至关重要的是，要尽早与潜在的第三方服务合作伙伴建立联系，并获得采购、关键客户、法律支持和风险管理等内部供应商的支持。我们的业务在设立之初就未能有效地解决上述问题。迄今为止，投标过程比最初预想的更复杂。这就是我想要解决的挑战。”

想一想这个挑战的重要性：多尔希望西门子内部的 8 个部门一起反思它们与外部供应商的合作方式。虽然可能会面临更为艰难的管理挑战，但这也是问题的棘手之处。当然，这并不在多尔的职责范围之内，他只是认为这个问题极其重要，无论如何都亟待解决。“我的职责不是考虑整个组织的流程，而是根据客户需求设计服务，”他回忆说。

组建一个团队

多尔开始游说他的同事，先从他的老板入手。他接触了董事级别以下大约 20 位不同岗位的同事。这些人都认同第三方服务供应商的来源和管理需要变得更专业，并且表示将提供帮助。“这样一来，就保证了项目团队和督导 / 咨询委员会都能明确各自的职责。管理人员派遣员工进驻项目团队，并自愿成为委员会成员。”

虽然在公司层面得到了批准，但项目团队成员也不得不继续他们每天的工作。许多工作都是在“工作时间之外”进行的，因为当地法律禁止员工每周工作超过 40 小时。“设计思路必须是每个人都真正喜欢的工作方式。如果没有这份热情，他们为什么要放弃休息时间？”与此同时，一个新的团队成立了，旨在解决与外界合作时操作或“交付”层面的问题。多尔计划的焦点因此得到了提升：为服务外包市场设计一个新模式。该团队就拟议的愿景和战略达成一致，将特别关注现场服务。

塑造未来

多尔利用 MBA 课程中的想法，采用了一套标准化流程，包括以下 6 个关键步骤：通过情绪板和讲故事的方式交换知识；生成创意；构建模型并讨论；设计原型；反馈（路演）；原型定稿。

但是，他还决定推行一些略微与众不同的创意，特别是在新创意的视觉效果和原型设计方面。“我决定用乐高积木帮助我们建立服务流程的 3D 模型。通常很难用文字描述某些抽象的或复杂的事物，所以我要求团队成员用乐高搭建一个模型，即原型设计。这虽然不是一个新创意，但它确实唤醒了团队成员的反应。当乐高积木第一次出现在办公桌上时，人们迷惑不解，我们正在玩乐高，它能带来什么？于是，我拿出一个非常小的乐高模型，展示了总体流程大概是什么样子；他们理解了这一点，这也成为我们工作的重要组成部分。”

“除了一个人，所有人都接受了。他无法从乐高是儿童玩具的观念中抽离出来，而是更喜欢用 PPT 阐述我们的商业概念。他是唯一一个真正持不同意见的人。我在其他人面前与他进行了激烈的讨论，最后，其他人觉得我的方法可信，并希望尝试。那个不喜欢用乐高工作的家伙再也没有出现在这个项目中。”

多尔深信使用原型设计的价值。“通过使用这些原型进行试验和试错，并让利益相关者参与到整个项目的生命周期，就能够帮助减少不确定性。由此，失败的风险就会大大降低。今天，有一些工具可用来设计原型。乐高只是其中之一。”

出售概念

虽然团队很清楚使用乐高原型的价值，但他们不知道督导 / 咨询委员会将如何看待。多尔回忆道，“每个人都很担心：管理层看到一个乐高搭建的城镇出现在会议桌上时会有什么反应？”多尔机智地让一些人提前知道了这件事：他向督导委员会的一位高级成员展示了乐高城镇。“一开始，这位高管被吓到了，但我让他明白了其中的逻辑，他很喜欢这个创意。他向我提供了我向其他人推广这个创意所需的支持。”实际上，在一次董事会上，乐高原型帮助推动了一些事。“我记得在那次董事会上，他们一开始是很迷惑的，但之后有一位资源人士在董事会上说感谢我使用乐高，‘现在，我更好地理解了你的创意，但我鼓励你，要更大胆。’”在之后的工作中，团队又开发了更多的服务概念，例如，在交付阶段，为管理服务提供商的服务合同而设计的**全球现场服务**（Global On Site Services，GOSS）。

但是，多尔在向督导委员会陈述最后的项目成果时，乐高原型也已显得有些力不从心。多尔有 1 小时的时间可以用来陈述项目成果。他制作了一个 PPT，为了帮助解释，他把乐高原型也带到了会议上。“我希望借助这个精致的乐高原型解释主要的观点，但董事会上有一个人，我无法事先向他简要说明。她提出的一个问题不在我的陈述范围内，导致整个陈述被抹杀。事后，我问其中一个人，我哪里错了，他说原型是很适合进行讨论，但那不是你在董事会陈述时要做的。这就是教训。”

结果是什么？尽管问题出在最后的董事会会议，但许多创意都得到了实施。

虽然细节保密，但给出了一些新颖的方式用于预选服务提供商，确定给客户的"最佳和最终报价"，以及明确应该由谁来起动项目。一些雄心勃勃的创意未能兑现，例如，根据开源原则提供现场服务的想法就被视为太过激进。

实施这些想法的责任被交给负责向外部提供商提供服务的管理人员。一些项目团队成员加入了那支队伍，到 2011 年这支队伍的人数达到 50 人。多尔在 2010 年离开西门子 IT 解决方案和服务集团，加入西门子研究院（Siemens Corporate Technologies）。这是西门子集团的一个内部咨询团队，帮助公司提升创新精神。

对变革推动者的 5 点提示

我之所以选择这两个案例，很大程度是因为它们都取得了一定的成功。罗斯·史密斯在团队生产力和参与度方面具有极大的影响力，但对微软其他方面的影响力有限。克里斯汀·多尔最终成功地使他的新服务模式被接纳，但一路走来也不是没有问题。在本书中，我们讨论过许多自下而上的创新，包括罗氏诊断公司尝试通过内部和外部专家解决问题，斯里尼瓦沙·库斯克创新地采用 Web 2.0 技术用于全美保险公司的沟通交流，所有这些最多只能说处于进展之中。

但是，这不应该成为悲观的理由。首先，微软和西门子的两支团队都更积极地从事这些创意工作，而不是简单地完成自己的工作，对员工来说，这是好事，对他们的雇主来说，这也是好事。其次，他们的努力有可能带来真正的改变——提高生产力和提升对微软的信任度，为西门子的服务模式创新提供服务，并为本书的读者提供灵感。

那么，当变革推动者开始尝试新的管理理念时，他们需要思考哪些重要问题？以下 5 点，他们应该铭记于心。

计算出你的自由度，并最大限度地利用它们

虽然你可能没有数百万美元的预算，但你所能调派的空间可能大于你所认为的。罗斯·史密斯自己的团队有 85 人，他凭借一己之力不仅重新定义了他们的思维和行为方式，还达成了上层管理人员交给他的所有绩效目标。克里斯汀·多尔和他的团队则受到更多的限制，因为他们所做的不在其“日常工作范围”内，但有些人有预算来抵消成本，而其他人能够影响西门子不同业务部门的同事。两支队伍都选择在规则范围内进行创新。但在企业创新历史上，也有许多个人跨越正式界线的案例，有些人侥幸逃脱（寻求原谅而不是许可），另一些人却没那么幸运，并陷入了困境。我们在第 6 章对安然公司高度创业化的内部市场体系的讨论就论证了这一点：鼓励个人打破规则，而整个组织及其利益相关者为此付出了沉重的代价。

在公司内外组建一支同盟队

西门子的团队成员来自公司各个部门的志愿者，他们都得到各自老板的许可。另外，他们获得了一些高管的支持，偶尔还会有来自外界的帮助，确保他们以最周全的方式开展活动。罗斯·史密斯采取了一种不同的方法：他几乎没有得到微软其他人的支持，但他投入很多的精力去接触其他公司拥有相同志向的人，以及曾就大公司的信任、参与度和创新等问题发表过文章的学术人士和思想领袖。

同盟和顾问为变革推动者提供了一个至关重要的资源：合理性。一个合理的创新计划应该符合人们对什么是好和什么是合适的预期。合理性一部分源于项目本身的性质，另一部分源于用于描述的语言和人们的支持。因此，明智的变革推动者会花很多时间思考从合适的地方获得合适的支持。

但是，这里有一个有趣的拓展。要想通过引入外部专家使创新变得合理，并在公司之外广为人知，就有可能丧失其内部合法性。例如，管理作家阿特·克莱纳（Art Kleiner）讲述了 20 世纪 70 年代卡夫在堪萨斯州托皮卡（Topeka, Kansas）工厂尝试改善工作生活质量的试验。无论用什么目标指标衡量，这些试验都是成功的，但矛盾的是，这些试验对管理思维的影响大于随后几年卡夫所采用的实际管理方法的影响。这个项目背后的两个关键人物最后都离开了自己的公司，他们的创新未能产生更大影响的事实让他们感到挫败。这不是说外部的成功总是以牺牲内部的成功为代价的——施耐德曼的平衡计分卡对内和对外都取得了积极的成果，但是在管理内部同盟和外部同盟方面确实存在一种持续的张力。

采用试验性的方法

任何要想改变自己公司管理模式的人都会面临一场大战，即他永远不会真正地知道这场变革会不会成功。管理体系中有很多相互牵制的因素，你无法以明确的方式理清因果关系，当你对一家银行的薪酬和奖金制度等做出重大调整时，你也无法预测潜在的连锁反应。因此，绝大多数大公司默认的做法就是维持现状。

试验是一种克服固有阻力的合理方法。但这并不意味着要进行完全掌控的实验室实验。相反，它意味着在一个低风险的独立环境下试验某种想法，其结果是可以被谨慎监测的。我们在第 4 章中看到罗氏诊断公司谨慎地控制着内外专家解决问题能力的研究。克里斯汀·多尔在西门子的服务外包项目就代表一种替代模式，利用原型展示一种想法，之后通过几次迭代得以改进。罗斯·史密斯的 42 项目也是一种试验的形式，整个试验都是在他的 85 人团队中进行的，并没有重新思考微软的总体管理模式。正如他所说，“一个根本性的前提是我们正在学习、试验，我们是谦虚的，接受一切反馈，这都是可选的。我们没有发出一个大告示说‘好吧，大家开始互相信任吧’。因此，从头到尾贯彻这个主题是非常重要的。”

遗憾的是，“试验”这个词在大公司不受欢迎（除了研发实验室）。高管们偏好讨论原型或指引，这样一来，他们认为他们会知道前进的方向，与此同时，对中期可能需要调整一事仍保持开放的态度。但是，这种想法开始发生变化。有迹象显示，很多公司对产品和服务创新采用一种更具实验性的方法。我希望看到这种方式能运用在管理创新方面。我们将在下一章深入讨论这些内容。

给它取个名字

虽然你可能完全没有意识到，但一直以来，公司确实在玩文字游戏。试着告诉你的同事，你想要做一个重新设计的项目，看看你会得哪些类型的反应。“再造”是 20 世纪 80 年代商业流程做出巨大改进时的热门词汇，但是到了 20 世纪 90 年代中期，这股热潮完全褪去，被“六西格玛”和“知识管理”等概念所取代。因此，尽管许多企业仍在改进它们的业务流程，但他们找到了另一种方式来讨论它，以避免显得脱节。

所以，给你的行动或者项目取个名字是很有用的，如此一来，人们就会有坚持下去的动力，但它必须是一个精挑细选的名字。罗斯・史密斯的“42 项目”有点怪异，但对他的目标群体——电脑极客和 Y 世代员工很有用。克里斯汀・多尔选择了一个更传统的名字——服务外包项目，这与西门子更传统的文化更匹配。除此之外，我们之前讨论过，你选择的名字在一定程度上是为了在你的目标群体内提升合理性。例如，我们将在下一章详细讨论宝洁命名为“联发”（Connect +Develop）的开放创新计划。之所以选择这个名字，部分原因是为了帮助公司研发部门员工意识到他们没有被外包——联发计划的设计初衷是为了增强现有的研发能力，而不是取代它。

当它成型时，寻求上层的支持

推动自下而上的创新面临的最大挑战是，知道何时及如何“把它移交”给高层人员。有时，你并不想把你的“孩子”交出去。有时，你想交出去，但关键人物没空顾及。

对克里斯汀·多尔而言，移交时间是很明确的——项目结束。对罗斯·莱斯来说，没有交接一说，他继续推行他的举措，并获得许多来自底层和公司之外的支持，但高层没有任何动作。正如他所说，“感觉就像在滚雪球一样。人们采取某种措施改进某件事，当他们看到这样的改进能带来不同的效果或者节省他们的时间时，他们就会再推进一步，它就这样不断地成长。这是一种基层的、有机的运动。”

微软退休董事、团队顾问罗宾·穆尔（Robin Mouer）提供了这样的背景：“重要的是你要记住，这不是一种传统的组织变革方式，它源于罗斯、他的同辈和整个团队都在付诸的行动。这不是首席执行官或者高管团队发号施令或指引的结果。它的规模能超过 85 人吗？它能被复制吗？能给其他团队一些指引，给我们重要经验吗？我们认为这都是可能的。它具有人们一直在寻找的共同点，那就是无论员工身处公司哪个级别，其工作时间或工作性质如何，他们都在寻找的共同点。人们只想知道信任是真正存在的。他们只想知道他们这样做能够取得伟大的成就并获得支持。”

想改变一家公司的管理模式，变革推动者可能会有一段漫长的路要走，但他们无法独自完成。最终，如果这个过程想要对公司的命运产生持久的影响，就需要首席执行官和高管团队的支持，在下一章，我们将讨论首席执行官的议程。

第 8 章　要点

本章和第 9 章的重点是公司如何发展新的理念和实践，这是它们与众不同的管理模式的组成部分。我的研究显示，管理模式创新通常受到 3 个角色的力量驱动：中层的变革推动者、高层的管理人员和外部合作伙伴（如顾问和学者）。本章描述了中层变革推动者的议程，他们寻求做一些有创造性的事，但没有得到正式的许可。通过微软、西门子和亚德诺半导体的案例，我们得出以下 5 点经验。

（1）计算出你的自由度，并最大限度地利用它们。绝大多数管理人员尝试新事物的空间远大于他们所认为的。有一句谚语是这么说的，取得原谅通常比获得许可更容易。

（2）在公司内外组建一支同盟队。一种方法是在公司内部组建一支由同事组成的团队，他们齐心协力就能完成工作。另一种方法是利用外部资源的意见和建议帮助你把要做的事合理化。

（3）采用试验性的方法。试验是克服内部阻力的一种好方法，因为你的同事和老板有权说"不"。

（4）给它取个名字。你的项目需要有一个所有同事都能认可的名字，帮助他们理解自己为什么要参与其中。一个好名字会引发人们的好奇心，想知道更多，并帮助它脱颖而出。

（5）当它成型时，寻求上层的支持。你面临的最大挑战是向公司里层级比你高的人推销你的项目。通常情况下，最好的做法是先取得小小的成功，然后借助你在公司内外的同盟为项目制造一些动力，这样，你的老板就别无选择，只能批准它。

2000 年，宝洁走到了一个关键的历史转折点。公司首席执行官德克・雅格（Dirk Jager）在上任仅 18 个月之后便离职了。3 月，公司宣布将无法实现预期的第一季度盈利。同时期，宝洁公司的股价呈螺旋下跌走势——从 1 月的每股 116 美元跌至 3 月的每股 60 美元。《广告时代》（*Ad Age*）封面故事标题为："宝洁还重要吗？"

宝洁新任首席执行官雷富礼（A. G. Lafley）对现状发表了一针见血的评论："我们没有达成目标和履行对分析师及投资者的承诺。宝洁品牌未能传递良好的消费者价值：我们没能持续引领创新，价格太高了。我们的成本也过于高昂。我们与重要客户的关系已经恶化。我们过于关注内部。"雷富礼为这个抱恙的公司病人开的处方涉及面很广。他把公司的经营重点放在 4 个核心业务上，大型主流品牌和十大国家。随着一些业绩不佳的业务被叫停，宝洁公司在全球裁员近 10 000 人。

或许最大胆的是，雷富礼宣布了一种全新的创新方式。宝洁公司预计未来 50% 的创新将来自公司外部，不再依赖公司内部的研发。逻辑很简单。宝洁公司计算出，公司每个研究人员对应公司外部 200 人，这些人（包括科学家和工程师）拥有可为公司利用的才能。那么，公司研发部门的 7500 名员工对应全世界 150 万可利用其知识的人。于是，研发被转换为联系＋开发（Connect + Develop，以下简称"联发"），一个新计划应运而生，旨在帮助宝洁公司利用公司之外的巨大知识库。

- 宝洁公司最主要的 15 个供应商拥有大约 50 000 名研发人员。宝洁公司搭建了一个 IT 平台用于与供应商共享核心技术。
- 宝洁公司创建了一个“技术企业家”网络——70 位资深技术人员充当联发的眼睛和耳朵，在行业内部与供应商和地方市场建立联系。截至 2008 年，技术企业家推出的逾 10 000 个产品、创意和想法受到了宝洁公司的关注。
- 宝洁利用了大量开放的网络。加入 NineSigma，把公司和世界各地的研究人员联结在一起；与 InnoCentive 合作，解决了更具体的技术难题；有了 Yet2.com，接入了在线知识产权市场。

现在，联发模式已经广为人知，因为它达成了预定的目标，取得了成功的经验，来自公司外部的新产品比例从 2000 年的 15% 升至 8 年后的 35%。但是，鲜为人知的是，宝洁公司如何创立联发模式。创新与知识部副总裁拉里·休斯敦（Larry Huston）领导的一组宝洁员工花费了数年的心血。联发模式最初出现时还未完全成型，就像来自海上的维纳斯一样。

联发模式是如何诞生的

联发模式的创意始于 20 世纪 90 年代中期。休斯敦是这样描述过程的：“这就像人们开发产品时会设计很多原型，或者艺术家在下笔创作最终稿前会绘制草图一样。”他引用了美国壁画家托马斯·哈特·本顿（Thomas Hart Benton）的工作方式来解释这个过程。“他会设计很多黏土模型，接着他会给更多的模型上色，然后借助各种类型的草图画出透视图。他会为了一个概念研究很长时间，之后才真正地开始创作一幅成功的画作。就我为之付出努力的这种新的创新模式而言，可能花了 5 年或 6 年进行创作研究，然后把它们组合在一起，最终在 2000 年达成了这一目标。”

休斯敦最初的兴趣在于如何开发一种新的组织模式把混乱和有序结合起来。正如他解释的：“我想创建这样一个组织，在那里，员工可以自由流动，可以涌向一个好项目，但是基础业务又不会受到伤害，并且有规定，你不可以在哪个阶段进入和离开。”于是，他与很多思想领袖进行了广泛的交流，比如复杂理论专家斯图尔特·卡夫曼（Stuart Kauffman）和 VISA 集团创始人迪·豪克（Dee Hock）等。他还探索了许多不同的策略，包括与一家互联网公司合作，参与人员都会获得奖励等。随后，一个重大突破出现了：通过研究在宝洁公司之外已采取的行动，他们意识到，这些行动产生的价值是内部行动的 2 倍。休斯敦从这一发现中推断出推动宝洁业务及其生产力发展的潜在新途径。

在雷富礼就任首席执行官之后，宝洁首席技术官吉尔伯特·克劳德（Gilbert Cloyd）向休斯敦提出了一个挑战：“你能为公司创造一个新的研发模式吗？”从本质上讲，这是一个开发全新运营方式的机会。休斯敦花了 6 年的时间从事基础工作。之后，他确定了联发模式的概念定位：以增强能力为中心。当雷富礼公开宣布今后公司有一半的创新将来自外部时，便是对其辛苦付出的肯定。休斯敦评论说：“那是一个巨大的障碍，现在障碍被扫除了，开跑吧。”

毫无疑问，人们的反应喜忧参半。据休斯敦反映，“有些人的第一反应是，‘哇，宝洁取消了它的研发部门。这个以研发或科技驱动的公司，它们到底在做什么？已经失去理智了吗？’这些人没有意识到我们正在做的，恰恰就是大大增强我们的研发能力。”

联发的定位很重要。首先，很清楚，这不是把宝洁公司的研发工作外包，而是发现创意，并把它们引入内部，增强并利用公司内部的能力。其次，联发不是一个“变形”计划。休斯敦解释说：“我认为‘变形’这个词不妥。对于联发计划，我们很小心地避免把它定位于变形——即使现在是这样的。我们说，我们拥有一个强健有力的全球性组织，我们已经有能力遍布全世界，我们有世界级的人才，我们要做的就是利用已经强大的能力并不断增强它。因此，核心理念基于我们如何增强这种能力。”

宝洁公司启动联发计划的经历为管理创新流程提供了有用的见解。首先，雷富礼公开表示改变公司的创新模式至关重要，因为这样一来就向休斯敦和他的团队赋予权力去尝试他们试验性的想法。与我们在第 8 章讨论的微软和西门子的案例不同，休斯敦得到了公司首席执行官的全力支持。休斯敦开心地承认这样做的重要性：“这与领导力全权相关，一把手清楚地知道哪些地方可以涉足，你将如何取得成功，以及你希望在哪些方面有所成长。这就是首席执行官和高层管理人员的职责。”

其次，联发不是偶然发生的，它立足于休斯敦和他的团队数年来累积的能力。休斯敦提到了新产品开发和新管理模式开发之间的平行关系：“有件事真的很重要，那就是确保概念是正确的。宝洁是一家概念驱动型公司。这个概念就是产品如何让我们的生活更美好。于是，我们每天都在实践这个概念的发展，因为我们必须全身心地投入。”联发模式成功的一个原因是，休斯敦为这个概念制作了一个脚本，并把它带到 21 家不同的目标公司。一开始，它们对这个理念发表了评论和意见，之后休斯敦借助金融模型演示，看看这个概念是否具备赚钱的能力。只有达到这一点，宝洁公司才会为这个项目投资。

创新管理模式的 4 个步骤

以下是对联发模式关键步骤的概括。从一个自上而下的角度来看，联发模式本质上包括以下 4 个步骤。

（1）理解。宝洁公司意识到其创新流程需要根本性的提升才能实现更高水平的有机增长。

（2）评估。创新的一大障碍是过于关注内部和被隔绝的研发部门。

（3）构想。公司曾考虑过基于集体智慧的替代创新模式，把网络和外部人员社区考虑进来。

（4）试验。有了雷富礼的批准，休斯敦和他的团队尝试了不同的元素，最终得出联发模式。

这是一套非常普通的流程，可以适用于许多情形，希望这也是你所熟悉的。你或许回想起我们在第 1 章就把它作为本书的指导结构。现在，我们在本章再次借助它为你搭建一个特定的框架，指导你如何革新你的管理模式。

在进一步讨论之前，有一点需要铭记于心，这 4 个步骤并非总是按照这个顺序进行的。例如，宝洁公司的一些构想和试验发生在 20 世纪 90 年代末，而雷富礼是在 2000 年才发表评价的。因此，虽然按顺序思考这些步骤是有用的，但你需要记住这个先后顺序通常会有调整的可能。[1] 现在，我们来进一步讨论这 4 个步骤。

理解：构建挑战

看着宝洁联发模式的成功确实很有诱惑力，于是你就贸然得出结论：你的公司或许也想要做一些类似的事。但是，那不是必需的，这就是我想说的。本书的重要目的之一就是帮助你更好地理解如何管理你的公司，让你明白过去几年你对管理模式曾做过哪些有意识的选择，并帮助你评估这些选择的成本和收益。在某些情况下，你会得出你的管理模式“基本上是正确的，只是需要一些微调”的结论。

但是，在许多其他情况下，更深入地了解你的管理模式和所面临的商业环境，你就会发现一些潜在的问题或挑战。这种对现状的不满就是改革的动力，你需要让员工创造性地思考新的工作方式。通常来讲，我们认为当公司面临以下情形时就需要考虑管理模式创新。

应对危机。对一家陷入绝境的公司来说，这绝对是尝试一些不一样东西的机会。我们在第 3 章中看到，丹麦助听器公司奥迪康开发出意面式组织，以此应对西门子和飞利浦等竞争对手的威胁。一个不那么有名的案例来自莱顿连接器产品公司（Litton Interconnection Products），这是一家从事计算机底板系统组装的苏格兰工厂。1991 年，乔治布莱克（George Black）公司被美国一家公司收购，使工厂扭亏为赢。如他所解释的，"我们曾是一家无路可走的公司，从事的组装业务与许多规模更大、效率更高的公司相比毫无优势可言。所以，我们在想，我们应该做什么？我们得出的答案是要与众不同——为我们的客户提供一种新的服务和一种新的工作方式。这是一个有意逆向而行且有些冒险的想法，但我们也没什么可失去的了。"

这么一分析，布莱克就提出了一个激进的新设计：每位员工负责一个业务单元，并致力于满足单个客户的全部需求。员工接受了一系列的技能培训——从生产到销售再到服务，这极大地提高了客户响应能力、缩短了周期和降低员工流失率。

面临新的战略威胁。更为常见的局面是，公司意识到所处的商业环境发生了变化，而公司未做好应对准备，这就需要新的思维。例如，回想一下我们在第 1 章对葛兰素史克的一点讨论。20 世纪 90 年代末，像葛兰素史克这样的大型医药公司都面临研发生产力下滑的局面，与此同时，许多生物科技公司的成功引人注目，虽然它们的资源非常少。在全球研发部门负责人山田多知的带领下，公司积极应对，对药物开发业务进行了彻底的重组，将它拆分成 7 个卓越中心，它们具有像生物科技公司那样的灵活性和自主权，同时还能受益于葛兰素史克全球领先地位。

克服棘手的操作问题。即使情况没有那么糟糕，但该公司意识到，它需要解决阻碍其表现的棘手的运营问题。最好的案例就是摩托罗拉开创六西格玛模式用于控制生产操作的质量。这一创新可以追溯至质量经理比尔·史密斯（Bill Smith）在 1985 年提出的“零缺陷”概念，随后，首席执行官鲍勃·加尔文（Bob Galvin）于 1987 年 1 月启动了“六西格玛质量计划”（Six Sigma Quality Program）。但是，史密斯的灵感不是来自公司面临的某个具体问题，而是加尔文在 1981 年上任之后追求卓越生产质量的持续驱动力。六西格玛对摩托罗拉和许多其他公司的影响是革命性的，但它的起源也是逐渐演变的。

应对前所未有的挑战。最后，公司偶尔会面临一个标准化解决方案所不能解决的、前所未有的真正挑战。例如，在第 3 章和第 6 章中，我们讨论过以社区为基础的组织模式，即伊顿麦卡伦和 TopCoder 的模式，这两家公司都需要开创新的激励方式和协调自由职业者网络的方式。另一个案例是印度 IT 服务公司印孚瑟斯，截至 2006 年，这家公司每年都收到超过 100 万份的求职申请。通过传统手段，该公司根本不可能处理那么多的求职申请，于是，公司不得不非常慎重地思考它们要寻找的潜在员工应该具备哪些关键特质。最后，公司采用一个自动化的前端程序来筛选 10 万左右的人参加面试。这就是需要是发明之母的经典案例。

这 4 个不同的场景彰显了成熟企业对现状不满的多面性。当然，明辨需要变革的过程并不一定意味着解决方案就是需要一个新的管理模式，有时最好的方法或许是战略变革（例如，重新关注产品组合，出售业绩不佳的业务），有时或许是提升生产效率。但是，无论你最终选择哪种方式，你面临的一个明确的问题是选择好的出发点。你对问题的定义越精准越好。

顺便说一下，初创企业面临的挑战与成熟企业面临的挑战大有不同。回想第 2 章中快乐公司的案例，这家初创公司从一开始就施行新颖的管理原则。初创企业总是乐于定义它们专属的独特管理模式，当付诸行动时，这些模式通常都会成为获得成功的一个重要元素。但是，有趣的是，绝大多数企业到最后都默认，它们曾在其他地方采用过非常标准的工作方式。在我看来，这是在浪费机会：我希望看到初创企业在管理实践方面的创新能与它们提供的产品和服务一样有创意。

评估：定义障碍

一家成熟的企业推动变革的第二步是，关注那些阻碍人们从事他们想做的事的“障碍”。在我们的术语中，障碍是指那些阻碍创新、合作和变革的管理模式的方方面面。这个障碍名单包括孤岛思维（silo mentality）、风险厌恶情绪、短期思维、模糊不清的汇报结构和过于烦琐的等级制度。这种情况在大型成熟企业里尤其明显，它们传统的管理模式确实能提升效率，但在创新、合作和变革方面稍有欠缺。

让大公司的管理人员列出所面临的障碍清单易如反掌。几乎不用催促，他们就会列出一张跟上面内容差不多的清单。但是，若使这个分析更有价值，那么不得不再进一步。首先，必须比上述清单更加具体。例如，短期思维属于一般障碍，而旨在奖励短期销售增长的员工的奖金制度就是一个具体的障碍。其次，这个障碍势必与第一步提到的战略挑战有关。例如，如果公司面临的战略挑战是有机增长，那么主要的障碍可能就是风险厌恶情绪和短期思维之类的东西，而不是模糊不清的汇报结构和孤岛思维。

让我们来看看下面两个公司的案例，它们对企业如何识别各自的障碍具有非常重要的启发意义。

瑞银集团财富管理。我们在第 7 章讨论过，瑞银集团财富管理部门如何取缔其传统的预算体系以支持探索模式，在这种情况下，公司鼓励每个客户顾问在一个特定的年份里力图做到最高的投资回报，而不是为了实现某个协商一致的目标而工作。但是，有必要介绍一下这种新模式是如何产生的。

在瑞士银行公司（Swiss Bank Corporation）与瑞士联合银行（Union Bank of Switzerland）合并后，瑞银集团成为全球私人银行市场的领导者。在这个高度分散的市场中，虽然只有 4% 的份额，但其增长潜力是巨大的。于是，在 2003 年，马赛尔·罗纳（Marcel Rohner）带领高管团队开始将管理重心从成本控制上转移开来。当时的首席财务官托尼·斯塔德曼（Toni Stadelmann）回忆道："在那个时候，我们的战略挑战是把重点从成本转移到增长和效率上。那就需要一种不同的文化，一种不同的态度。"

2003 年年末，集团级别最高的 20 名高管在伦敦一间"全封闭的房间"里召开了一次会议，期间他们为推动业务增长制定了一份清晰的议程表。他们开始关注那些阻碍增长的方面，包括中心化的组织结构和流程，以及缺乏主动行动的空间。但是，他们一致认为，最大的障碍是公司的预算流程。正如斯坦德曼注意到的，"预算是极具防御性的。它不仅是累赘，还从根本上抵制增长。"会议结束之后，一个以"实现并推动增长"为目标的工作小组成立了，废除预算流程成为议程表的一个重要任务。正如第 7 章所述，预算流程正式取消，取而代之的模式是鼓励客户顾问在思考和行动时更具有企业家风范。[2]

爱迪德（Irdeto）。爱迪德则遵循另一种完全不同的流程。爱迪德是一家为数字娱乐内容运营商提供内容安全产品和服务的公司。爱迪德虽然是一家位于荷兰的中等规模公司（拥有员工 900 人），但其业务遍布全球，这意味着需要在东西半球都具有强劲的表现。2007 年，首席执行官柯翰明（Graham Kill）开始深入思考爱迪德令人兴奋的全球前景，以及可能阻碍其增长的因素。排在清单第一位的便是他所说的"优越的母舰"（dominant mothership）综合征：总部员工总是暗中认为，他们应该是新方向和技术的唯一托管人；相应地，海外业务都会以一种更为奉承的方式推还给总部。据柯翰明分析，这个问题会抑制那些长期增长潜力最大的地区的发展，而这些地区大多远离荷兰总部。这会导致一种动态：未来增势欠佳的地区获得的投入就会减少，从而导致这些地区原本充满期望的员工离开公司，因为他们感觉到总部之外缺乏职业发展的机会。把这些动态串联在一起，与新兴的亚洲竞争对手相比，柯翰明感觉到这会使爱迪德处于竞争劣势，并且可能会减缓机遇最大的地区的增长。

柯翰明给出的改革方案是在阿姆斯特丹（代表西半球）和北京（代表东半球）建立双核总部，以此取代阿姆斯特丹唯一总部的地位。决策和传统的总部职能将在这两个地方共享，他自己则举家搬迁至北京，之后不久另两名高管也紧随其后。[3] 到 2010 年，爱迪德“双核”总部模式全力运转，公司业绩优异，柯翰明考虑在北美创设第三个总部。

总而言之，对瑞银集团来说，有机增长的最大阻碍是预算体系；对爱迪德来说，全球布局的重大障碍是其“优越的母舰”——位于阿姆斯特丹的总部。我们不能判断出这些就是“正确的”障碍，因为在综合型大公司中，实际上总是有很多相互牵制的因素在起作用。但是，重点是每个案例中都聚焦一个具体的障碍，罗纳尔和柯翰明能够调动起各自的团队进行变革。如果这种分析仅停留在一个非常抽象的水平，那么推进的难度就会大很多。

你可以做些什么来识别阻碍你实现战略目标的障碍呢？有时候，这些障碍是显而易见的，有时候你可以通过瑞银集团和爱迪德采取的措施得到一些启发。但是，除此之外还有更多结构性的方法。例如，一个名为“根本原因分析”的著名方法，提出一个常见的或表面的问题，不断追问“为什么”，从而暴露出这个表面问题之下的潜在问题。图 9-1 就是对微软罗斯 · 史密斯的 42 项目（参见第 8 章）进行分析得出的一个例子。看看微软是如何变得更具创新精神的，史密斯和他的团队认识到“今天，人类的想象力都被禁锢在公司范围内”[4]，这就是常见的阻碍创新的一大障碍。通过反复追问“为什么”，史密斯和他的团队意识到，这个问题在某种程度上受到员工工作分配方式和缺乏在一起工作的动机的驱使。这些分析虽然并不像促使瑞银集团和爱迪德提出解决方案的那些分析那么清晰合理，但为微软公司随后讨论其管理模式变革提供了非常重要的信息。

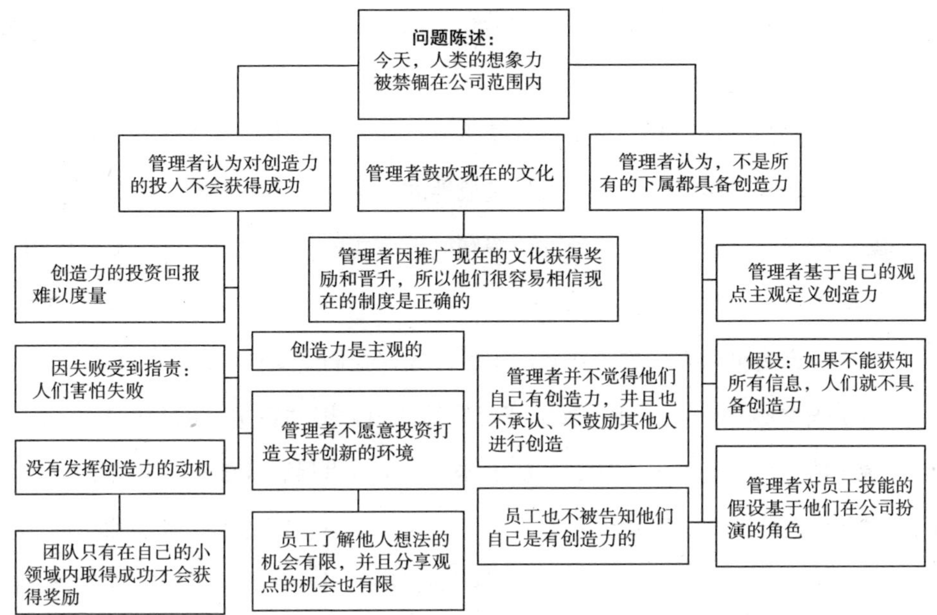

图 9-1　揭露创新的潜在障碍

构想：识别新的工作方式

第一步和第二步都是关于识别和缩小需要解决的问题范围，当这一切准备就绪，通常情况下，解决方案也就应运而生了。随着柯翰明意识到单纯地依赖阿姆斯特丹总部就是问题所在，于是他非常直截了当地提出双核总部这样的解决方案。类似地，瑞银集团财富管理认为预算体系就是阻碍其增长的原因，这样的认知让它们很快缩小了可能的替代方案的范围。

但是，前进的道路往往并不明朗。我曾领导过许多旨在帮助管理者创新问题管理模式的研讨会，他们也常常在此受阻。毫无意外，这一阶段的难点在于，绝大多数管理者对传统的管理模式已了然于胸，他们难以想象任何能感觉到的替代方案会是合理的。对那些出现在这本书和其他书中更具创造性的观念，他们常常会非常快地发现其中的风险或缺陷。

那么，要做些什么呢？答案就在这本书描述的框架中。若要你设想一个未曾想过的、全新的工作方式，这是很具挑战性的，甚至是不公平的。但是，给你一个框架，帮助你了解你今天所处的位置和明天可能要到达的位置，你就可以用一种更结构化的方式开展头脑风暴。

有 3 种方法可用来构想公司新的工作方式，我们来具体看看。

（1）去中心化。第一种方法是转变你的视角，即站在员工的角度来看公司。心理学家是这么解释去中心化的，从主体的视角看世界，才能理解是什么激发了他们，是什么使他们失去动力。奇怪的是，绝大多数管理类书籍都是站在正从事管理工作的管理者的视角来写的。结果就是，我们对一些问题的看法受限，这些问题包括：是什么让员工坚持下去，他们对“使用在”自己身上的各种管理方法的真实想法。

例如，我相信职场上普遍存在一定的恐惧心理，即使在管理相当完善的公司也是如此。管理作家加里·哈默尔最近的一项调查显示，需要“减少恐惧，增加信任”已成为今天大公司面临的最重要的挑战之一。[5]恐惧是多方面的：我们担心自己在会议上的表现看起来很愚蠢，我们担心达不到预期目标，我们还会担忧自己可能会失业。恐惧不是职场上唯一隐藏的情绪。许多员工还会感到困惑，他们根本不理解为什么管理者让他们做那么一件特殊的工作。其他人则不赞同管理者将他们推向的方向。这些情绪累积起来就会滋生愤世嫉俗的态度和脱离群体的行为，所有这些都是因为管理者不能站在员工的角度思考问题。

怎样洞悉员工隐藏的情绪呢？首先，试着了解他们的工作。这里讲一个我自己的轶事，或许能帮助你理解这一点。不久以前，我的妻子让我帮她打扫房屋，因为有个房产中介要来为我们的房屋估价。我感到很困惑，因为我看不到把屋子打扫干净对经纪商的重要性。我也不知道要做什么，因为我对“干净”的标准比我的妻子宽松多了。所以，我开始表现得像一个不服从指挥的员工——她盯着我时，我就工作，一旦她不盯着，我就玩手机，于是我只做了一点，而她完成了大量的清扫工作。在那两个小时里，我就是一个困惑的、玩世不恭的、怠慢的员工。第二天，我以经理的身份重新开始工作。但是，我对员工的恐惧和需求有了更多的感同身受。

我们之前讨论过，从事电脑培训的快乐公司首席执行官亨利・斯图尔特采用了一种更结构化的方法。在研讨会上，斯图尔特喜欢问人们这样一个问题：“回忆你最近一次真正高效且积极的工作，并描述这段经历。”或许是在意料之中，他表示人们通常会描述他们拥有控制权、能够发挥个人强项，并且最后有个人成就感的项目。换句话说，就是主要依赖内部激励的项目。当然，他们在描述中没有提到管理者，这就是斯图尔特的发现。但是，管理者仍然承担了构建项目的责任，这样，员工才能获得许可去完成最出色的工作。我们在第 6 章讨论激发个人无条件付出的驱动力时曾介绍过一些方法。

英国建筑公司克鲁格斯顿（Clugston）首席执行官史蒂芬・马丁（Stephen Martin）施行的去中心化的方法更加激进。他隐姓埋名、乔装成一位普通员工，在公司的建筑工地上工作了一周的时间。这让他了解到公司员工对公司的看法，而这些是他通过正规沟通渠道永远无法获得的。（详见专栏 9-1）

专栏 9-1

卧底

要想找到一种真正的去中心化的创新方式来降低成本，我们不妨看看英国建筑公司克鲁格斯顿首席执行官史蒂芬·马丁的例子。[6]马丁在2007年接任首席执行官一职时就知道，公司的管理方式非常传统，秉持“你死我活这类的文化”。一个明显的证据就是，他的办公室孤零零地坐落在大楼的一端，几乎不可能有人能接近他。他想要改进获取信息的质量，并把责任下放到最接近一线的地方，但他敏锐地意识到，他对克鲁格斯顿日常工作的了解是经过层层过滤的。

这时，英国电视台第四频道联系他参加一个名为《卧底老板》（*Undercover Boss*）的节目。在节目中，公司首席执行官要隐姓埋名，与一线员工一起工作两个星期。马丁欣然接受了这个邀请，他想去了解那些他未曾知道的员工的想法。

于是，他乔装成工人在克鲁格斯顿的建筑工地上工作了两个星期，一组电视台工作人员进行了跟踪拍摄，其他工人以为这是在拍一部纪录片，记录一个普通人尝试一项新业务的过程。作为卧底的马丁了解到了什么？“工地员工之间的友情绝对令人惊讶。如果有人掌握了一种更好的工作方法，他们就会介绍、解释，并给予帮助、支持和答疑。这是你坐在办公室里看不到的。”而且，马丁还发现没有人阅读公司用于沟通交流的电子邮件和新闻简报，或许是因为他们没时间，或许是因为他们只想知道绝对重要的事项。他还意识到，随着经验丰富的工人退休，高质量的承包商被解雇，原本若隐若现的技能差距正在扩大。

回归正常工作后，马丁做了一些重大的改变。停止发邮件和新闻简报，取而代之以两周一次的会议，管理者会花10~15分钟的时间告诉员工最近发生的事。简短的月度新闻简报连同每个人的工资明细一起用邮件发送。公司引入越级会议制度，鼓励员工与他们上司的上司讨论他们关心的事。马丁每周都会在他的办公室与一线员工进行午餐会议，没有议程，只有三明治和一场闲聊，目的就是了解员工的想法。

马丁作为卧底老板的经历非常具有教育意义。他根本不可能有其他任何方式可以与一线员工进行那些对话。从这方面看，克鲁格斯顿真是非比寻常。许多管理者认为自己思想开明，善于倾听，但是从某种程度上讲，他们获知的每条信息都是经过过滤的，或者说传递信息的人认为这是他们想听到的。虽然你不能要求第四频道拍摄你在基层卧底工作的经历，但你可以采纳马丁对克鲁格斯顿做出的一些改变，走到一线，与员工交流。去中心化是很艰难的，但不是不可能，如果你想要了解什么能激励你的团队，作为一名管理人员，这就是重要的出发点。

（2）从其他情境中学习。有关创新存在一个很大的谬论，认为这些创意都是某个孤独的创作天才在他的实验室或车库里呕心沥血数年才最终得以突破的。事实常常更加平凡。正如管理研究人员安德鲁·哈格顿（Andrew Hargadon）在他的著作《突破是如何发生的》（*How Breakthroughs Happen*）中写到的，绝大多数创新实际上就是把一个情境中的某些理念运用到新的情境中。亨利·福特并没有发明组装线，他只是借用在当地一家屠宰场看到的生产过程，把它移植到汽车制造中。托马斯·爱迪生（Thomas Edison）不是一个孤独的创作天才；他是一个出类拔萃的“技术中介”，“把现有创意用新的方式组合起来”。[7]

本书中我们介绍了许多有创意的管理方法，在绝大多数情况下，这些方法的灵感都来自于从其他地方收集到的经验或见解。

- 弗拉达斯·拉萨斯，这位立陶宛的管理者邀请他的员工为自己设定薪资（参见第 3 章），这个想法源于他阅读过的一本畅销书——巴西人里卡多·塞姆勒（Ricardo Semler）的著作《塞氏企业》（*Maverick*）。
- 奥迪康首席执行官拉斯·科林德（参见第 3 章）的新管理模式的灵感源于他深入参与童子军的经历。他是这样解释的：“童子军运动具有强烈的志愿者精神，无论什么时候，只要童子军聚在一起，就能有效合作，他们之间没有等级。这里没有博弈，也没有阴谋。我在童子军的经历让我打造了一个能够激发志愿者精神和自我激励的体系。”

- 宝洁联发模式的设计师拉里·休斯敦（参见本章前面部分）是受到 VISA 创始人迪伊·霍克（Dee Hock）创设的合作组织模式和斯图尔特·考夫曼（Stuart Kaufmann）等复杂理论家的理念启发。

这些案例提供了一些你或许可以考虑的相当简单的秘诀：广泛阅读商业和非商业类的书籍；看看其他行业和其他经济部门正在尝试的、有创意的工作方式；与不同领域的专家和思想领袖交流。这些方法不需要强大的创造力，只需要强烈的好奇心和敞开心扉接受新事物的意愿。

但是，你也可以采用从其他情境中学到的更结构化的方法。据哈格顿所说，托马斯·爱迪生是一个“技术中介”，他不遗余力地将之前孤立使用的技术进行串联。爱迪生和他的团队把他们的时间分给了电报、电灯、铁路和采矿业的客户，“当他和他的团队发现这些领域的一些想法在其他地方大有可为时，他的工作就是为这些不同的世界架设桥梁。”[8] 同样的方法也可以应用于管理实践领域。通常，管理顾问和商学院的教授发现自己就扮演着中介的角色，但你没有理由不做——在跨行业的活动中分享自己的观点，通过建立合作论坛，或者安排与其他公司的同行调换工作机会。[9]

（3）颠覆你的传统原则。第三种构想新工作方式的方法是基于根本的管理原则展开的，而不是现有的管理实践。再强调一遍，思考其他情境中的创新是如何发生的是很有用的。加里·哈默尔曾说过，成功的改革者通常是那些与大众持相反意见的并对某个特定行业的行规发起挑战的人。例如，宜家的平板包装家具和戴尔的直销模式都是有违当时家具行业和电脑行业普遍流行的行规的，但都为这两家公司赢得了长期的竞争优势。这里可以运用一个类似的逻辑，即用一个根深蒂固的管理原则取代一个行业行规的概念。

- 对奥迪康来说，给员工分配项目的做法是无效的，因此公司尝试允许自发组建项目组（参见第 3 章）。
- 对英国石油公司来说，自上而下评估绩效的做法是有局限性的，因此公司尝试同业评审模式（参见第 3 章）。
- 对宝洁公司来说，控制创新流程的做法导致太多的机会流失，因此公司尝试一种开放的合作模式（参与本章前面部分）。

我并不是试图暗示这些公司的高管经历了上述的思考过程，他们的思维通常更多的是凭直觉，并且涉及大量的反复试验。但是，重点是，在你寻求拓宽可能的方式方法范围时，更好地理解传统管理原理和替代管理原理就能够得出一个有效的架构。当然，对这些原理的讨论就是本书的一大特色。

表 9-1 概括了这 3 个步骤。对于本书讨论的 6 家公司，它列出了重要的战略目标、关键的阻碍因素、实施的创新解决方案，以及作为解决方案根基的管理原理。

表 9-1　6 种管理模式的摘要

公司	战略目标	障碍	创新解决方案	管理原理
宝洁公司	创新	缺乏获得最佳创意的渠道	联发模式	集体智慧
瑞银集团	有机增长	预算流程	取消预算	涌现体制
爱迪德	全球布局	占绝对地位的单一总部	双核总部	集体智慧
奥迪康	敏捷	传统的资源分配体系	意面式组织	涌现机制 内部激励
HCL	服务创新，非商品化	无效和受控制的管理风格	全方位反馈、服务凭证等	迂回原则 内部激励
英国石油	合作	孤岛思维	同业评审	涌现机制

试验。试一试，并监测整个过程

贯穿本书的一个主题是管理需要更多的试验。我们看到，拉里·休斯敦为宝洁公司的联发模式做了很多试验；罗氏诊断公司在寻求利用组织集体智慧的方案中也做了很多试验（参见第 4 章）；瑞银集团私人银行的创新交换团队在运用分步走方法时也做了试验（参见第 7 章）。

一些管理模式创新本身就是最合适不过的试验。当这些假设能够被清晰地定义并测试时（如罗氏诊断公司的案例），当采取的行动能够自足时（如瑞银集团创新交换的案例），那么试验性的方法就会非常有效，且完全合乎情理。但是，你或许已经注意到，本书描述的一些案例都属于“大爆炸”类型。例如，奥迪康的意面式组织很快就由首席执行官拉斯·克林德推进实施。他认为，一场彻底的变革是让人们的思想和行动发生变化的唯一方式。他承认施行一个未经检验的管理模式存在些许风险，但他认为这样做的风险小于什么都不做的风险。

不管实施新管理模式的进度是快还是慢，谨慎监测过程都是具有重要意义的。鉴于管理体系相互关联的特性，一般情况下，不可能单独隔离出某个具体的成功要素，但是在行动之前，需要彻底想清楚你希望获得什么样的结果，这样一来，你就能够识别出可能是最适合的方法。

爱迪德就是一个监测过程的好案例。回想一下，柯翰明决定创设双核总部，于是 2007 年他举家搬迁到北京，另两名高管紧随其后也到了北京。与奥迪康的拉斯·科林德不同，柯翰明决定需要果断采取行动，从而传递出事情已经发生变化的信息。搬到北京之后，人们认为老板都会选择办公室里单独的一个大角落，与其他类型的办公室不同，他把办公桌放在一套开放式套房的中间。他解释说：“这是休克疗法。通过这些改变，我向管理团队传递了一个故意为之的信息。虽然这样做有一定的风险，但打破传统的唯一方式就是切断它，然后处理这样做带来的后果。”对北京的管理人员来说，柯翰明开放式的办公室布局出乎他们的意料，但他们与柯翰明建立起了比以往任何时候都更为牢靠的个人关系。在这间过去曾严重依附于阿姆斯特丹总部的办公室里，一种可见的、缩短高管与员工之间等级距离的方式正悄然形成。而在阿姆斯特丹，过去曾把许多问题推给柯翰明的管理人员也开始独当一面地制定更多的决策。

但是，为了真正地解决问题，柯翰明一直小心地度量着态度和行为方面的变化。在搬迁到北京之前，他对预计会发生的事已经有了一些清晰的假设（例如，意识到公司的业务在中国的机会将增加，中欧管理人员之间的整合将增多）。他在前往北京之前对 30 名中高层管理人员进行了调查，之后的 9 个月和 18 个月又做了调查。借由这个过程，他能够很清楚地看到创建双核总部的一些影响。当然，整合两个地区并缔造一个全球化战略的管理挑战仍在继续。爱迪德不是第一家试图治愈“优越的母舰”综合征的公司，但或许会是第一家知道成功与否的公司。

一些结论

在结束这一章之前，有必要回顾第 2 章提到的原始框架，左边是“传统”原则，右边是“替代”原则，由此我们辨别出 4 个重要的管理维度，以及每个维度之下公司的选择范围。

由于绝大多数大公司的管理模式都是围绕传统原则搭建的，打造一个与众不同的管理模式的机会就源于利用一种或多种替代原则开发新的工作方式。确实，我们已经讨论的许多案例都是自发协作、集体决策、迂回思维和内部激励的结合。

正如同我们解释过的那样，如果认为有一种不可阻挡的趋势朝着框架右侧发展，那就错了。每一章的讨论都有部分内容与新措施的风险和局限性有关，希望这些提醒能让你在选择何时及何处运用它们时拥有更大的空间。第 7 章的主题之一就是如何把这 4 个维度的选择整合在一起，这是最重要的。从允许员工尝试新想法的角度来看，以严苛的目标和宽松的方法为基础的管理模式无疑是具有吸引力的，但也存在物质主义和是非不分的风险，例如雷曼兄弟公司和安然公司。

如果公司朝着框架左侧发展，趋于更“传统的”选择，公司会为此付出代价吗？作为一名管理人员，左侧给予你的是控制权——通过层级监控、正式的规章制度、一致的目标和外部激励来控制。如我们在第 7 章所见，随着时间的推移，绝大多数公司自然而然地趋向使用更具控制力的管理模式，以此应对不断增长的业务规模和复杂性。危机时期，公司通常会朝着左侧调整其管理模式。无论经营环境如何，新的首席执行官上任时，一开始都会采取严格的控制：停止可自由支配的支出，每周监测一次数据，以及实施正规的流程，等等。在真正出现危机的时候，这种做法通常非常有效，但问题是公司的制度和程序通常需要很长的时间才能重新得到解放。这无疑是许多公司发现它们脱离不了框架左侧的原因之一。

总而言之，管理图谱中的传统一侧不一定是坏的去处，但今天商业环境中的威胁和机遇使它的吸引力越来越弱。绝大多数管理者面临的挑战是，有创造性地寻找运用框架右侧这些替代原则的机会，与此同时，看清随之而来的这些新方法、新技巧的风险和局限性。一个好的管理模式是要就如何工作做出更明智的选择，而不是为了运用最新的观念而运用。

第 9 章　要点

最后一章描述了领导者在公司施行新管理模式时应该遵循的 4 个关键步骤。虽然这些步骤是按照线性方式陈述的，但公司通常会采用反复论证的方法，在这些步骤之间来回论证。

（1）理解。对公司所面临战略使命的全方面讨论是管理模式是否需要改变的出发点。

（2）评估。评估现行模式中阻碍员工做他们需要做的事情的障碍。对这些障碍的定义越精准，就越容易用创新的解决方案扫除这些障碍。

（3）构想。第三步是有创造性的，需要你提出一些新颖的方式来清除阻碍你实现战略使命的障碍。有以下 3 种方式：去中心化，从其他情境学习，以及颠覆传统的管理原理。

（4）试验。一旦选择一种可行的方案，建议从一种小范围的、试验性的方式开始。一旦启动，建议你认真监测这个过程。

后　记

POSTSCRIPT

扩大对再造管理的辩论

我在 2011 年秋撰写这本书时，西方国家的经济仍处在剧烈动荡之中。许多重要的行业，包括医疗保健业、银行业和汽车业等，都面临一个黯淡的或者不确定的未来。衰退导致失业率高企，甚至发达国家也负债累累。人们不再信任商业人士，特别是银行家。在面临这么多的问题时，我们自然而然的反应就是反思。我们哪里错了？有没有更好的方法让我们能够避免下次再出现这些问题？

本书认为解决这些重大问题的一种方式就是重新思考和再造管理。当然，决策者和中央银行官员仍是采取果断行动的最佳人选，我们还要依赖他们解决迫切的短期问题。但是，推动经济复苏和持续的改变力量势必将来自底层——来自构成经济的公司和其他机构，来自个人的努力赋予这些组织的生产力和活力。如果我们的工作方式能真正地改进，那么对个人的生活质量、公司的业绩和整个经济的生产力都将产生深远的影响。

首先要做的是确定需要解决的具体问题。亨利·明茨伯格（Henry Mintzberg）曾说，这些年来公司“被领导过度，但管理不足”，我认为他说得很有道理。我们被告知，领导力就是创造和架构一个愿景，并鼓励人们去实现这个愿景；管理就是完成工作。最近几年，许多公司都缺乏敦促完成工作的管理能力。太多的管理者认为自己已经成为领导，他们无须参与事无巨细的实施过程。他们推卸了作为管理者的责任，从而导致了一些问题，如漏洞百出的执行过程、糟糕的客户响应度、偶尔的（但严重的）卑劣行为等。

因此，本书的重要目的是让人再次认真思考管理。管理，即让人们聚在一起完成既定目标和目的的行为。这样的表述让管理听起来是那么的平凡乏味。但是，我相信这个定义的朴实之处正是其意义和价值所在。有许多方法可以让人们一起完成目标，因此在如何管理的方法上就有了创造和创新的空间。这种空间存在于两个层面。

第一，公司层面的创新空间。你对如何管理做出的一系列决策就是我所说的你的管理模式。正如我们所见，一个与众不同的管理模式可以成为公司竞争优势的来源。有些大公司一直都是管理创新者，它们密切关注各种加强或改进自身管理模式的方法。这样的案例包括：通用电气公司，总是走在最新管理实践的最前沿；宝洁公司，20 世纪 20 年代品牌管理的创始人，如今开放创新的主要支持者。另一组公司拥有独特的管理原理，并竭力保持它们的独特性。这样的案例包括 W. L. Gore、全食超市、第七世代和谷歌。第三组公司我称之为“安静的管理创新者”，与通用电气公司和宝洁公司不同，这些公司远离聚光灯，默默地、坚持不懈地施行自己独特的管理方式。从定义上看，这些公司并不知名。但我认为，法国达能集团（Danone）、瑞典山特维克（Sandvik）和英国工程咨询公司奥雅纳属于这一类。还有其他公司也把管理作为竞争优势的来源，但总的来说仍是少数。大多数公司发现自己在玩追赶游戏：一旦看到大公司有先进的方法，就会试图复制；但是，它们几乎不会思考这些方法是如何一起发挥作用创造竞争优势的，也不会思考如何用独特的方式去推进管理实践。这些公司暗地里承认自己永远不会从其管理模式中得到任何优势。

第二，个人层面的创新空间。管理实践就像是一个俄罗斯套娃，从整个公司的总体管理模式到个人的管理风格，都是按照相同的原理层层嵌套。所以，无论你的公司的管理模式多么有效，你都可以通过协调工作和制定决策，通过设立目标和激励员工来承担改进团队管理质量的责任。没有什么能阻挡你为你工作的组织尝试一些有创意的想法。不妨回忆一下微软公司的罗斯·史密斯（参见第 8 章）和美国财产保险公司的斯利尼瓦斯·柯石克（参见第 4 章），这两个人都（按照自己特有的方式）拥有不同的行事风格，并获得了实实在在的利益。在理想的情况下，创新将成为更广泛变革的种子，不管发生与否，这种创新都值得推行。

更广泛的讨论

本书的主要读者是管理人员，他们有责任通过指导其他人来完成工作，不管他们的组织是私人企业还是上市公司，规模是大是小。但是，在结尾部分，我想扩大讨论范围，考虑其他一些读者，他们或许发现了再造管理的重要性。

回想一下我们在第 1 章和第 2 章中的讨论，正如我们今天所了解的，管理是一种在 19 世纪末期成型的社会创新。自那以后，管理就在促进生产力增长和经济发展方面扮演着极其重要的角色。但是，如果没有催生它的一整套变革制度，现代管理可能就不会出现。一个关键的制度创新是合资企业的出现，这使投资者可以向一家合法实体注资，且如果亏损，也只承担有限的个人债务。其他重要的制度变革包括通过专利和商标保护无形资产，反垄断政策的出现，以及会计和法律等职业的兴起。在这里，这些政策主导的创新如何聚合在一起打造现代企业的细节并不重要。重点在于管理创新不会平白无故地横空出世，它的出现只是因为更广泛的法律和经济环境使之成为可能。

所以，展望未来，我相信会有更多的群体共同承担责任帮助推进管理理论的发展。虽然一家公司可以（且应该）通过开发创新管理模式获得竞争优势，但从社会层面来看，确保这家公司的改进能扩散至整个经济社会，这才是更大的利益所在。确实，回顾过去一个世纪几个重要的管理创新，我们确实看到了这样的情形。丰田是 20 世纪 60 年代**全面质量管理**（Total Quality Management）的领头羊，到了今天，丰田的汽车制造依然比几大竞争对手效率更高、质量更好。但是，丰田的创新实践也扩散到其他汽车厂商乃至行业之外，提升了整体的生产力和质量水平。

换句话说，管理模式创新极其重要，不能只留待公司和个人去解决。管理创新需要一系列跨行业机构，以及政策和教育方面的支持和推动。让我们来一一研究。

商业团体的议程

许多公司施行的标杆管理是专制的。如果你针对直接的竞争对手，采用一些狭义的绩效指标跟踪记录你的所作所为，且如果你的竞争对手也这么做，到最后你会发现你在原地转圈。你们的管理实践将会趋同，你的客户也就不再能够区分出你的不同之处。标杆管理对于那些远远落后于同业水平的公司来说是有用的，但如果你做好了，也是一种很危险的自我参照行为。

另一方面，向不同环境中的组织（不同的行业，不同的环境）学习是非常有价值的。回想第 9 章关于突破性创新是如何产生的讨论，通常来讲，跨界者和中介都具备知识和视角将一个情境中的实践引入另一个情境当中。

所以，重点是，作为一个整体，商业团体需要思考的是：我们如何才能跨越行业边界推动观念共享？从定义上讲，这些行业通常存在强烈的人际关系，但是我的观点是，当关系跨越多个部门时，管理方面的改进潜力最大。这里会出现很多第三方，包括商学院的学者、新闻记者和顾问，他们认为自己的工作有助于弥合这些行业的差距，但现实是，这个差距仍然非常大。对新管理实践而言，“市场”是非常无能的。

我希望看到有一种企业主导的方式发展和推广新的管理实践。虽然总有第三方扮演顾问等角色，但为了商业团体自己的利益，它们彼此直接对话，这样一来，有价值的信息就不会在传递的过程中被过滤或者丧失。毫无疑问，有很多论坛可以促进这样的对话。超越预算圆桌会议（Beyond Budgeting Round Table）就是其中的一个例子，这是一个跨行业的组织，它开会探讨有哪些前沿的理念可用来替代绝大多数大公司惯用的传统预算模式。但是，我不禁会想到改变游戏规则的机会存在于网络之中。本书的一个主题就是 Web 2.0 使人们通过网络分享观点和展开合作成为可能，这在以前是不可能的。此类团体存在于社会和经济利益的许多领域之中。管理团体没有理由不这么做。

政策议程

稍早前我曾说过，19 世纪末管理创新的一个驱动力是在它之前发生的制度变革，包括公司治理和知识产权等。今天，我们看到类似的情形还在继续，虽然规模可能没有那么大。

- **新的治理模式**。20 年前，绝大多数观察人士认为，股份制上市公司是监督一家营利性企业最先进的、最有效的模式。但是，自那以后，许多不同的治理模式纷纷兴起，私募股权起步，家族企业和信托公司再次受宠，公私合伙制盛行，大批社会企业模式开始涌现，每一种模式都拥有其独特的治理方法。评价所有这些不同的模式超出了本书的范围，但是，今天出现这么多各式各样的模式有两点是很重要的：首先，查尔斯·达尔文（Charles Darwin）告诉我们，多样性是万物发展的命脉——不同治理模式之间的竞争敦促它们不断改进才能提升生存的概率。其次，新的公司治理模式有望衍生出新的管理模式。例如，如果一家企业的运营主要是为了其员工或者托管人，那么用于设立目标和激励的新方法就更具可行性。因此，政府在某种程度上鼓励推广新的治理模式，这或许会令管理实践大大受益。
- **与知识产权有关的新规则**。1989 年为软件开发创设的通用公共许可协议（General Public Licence，GPL）成为一条非常重要的法律典范，因为它为鼓励开放式创新设立了机制。本质上，GPL 保证一旦按照这个规则开发软件，那么衍生工作（如增强软件）也依据此规则受到保护。再强调一次，管理创新的意义是巨大的，因为控制思想和雇用人从事产权工作的老旧假设如今受到了挑战。受到 GPL 和相关法律的影响，最具创造性的方法——集体智慧和自发协作发生在高科技公司并非巧合。

法律和政策的其他变化也是自然而然显现的。有关隐私的规定，特别是在网络世界里，如今正受到密切的监督。许多国家的社会政策让人们更容易在家工作或远程办公，包括挪威和南非在内的一些国家执行的政策存在明显的积极差别待遇，以提升妇女和黑人在高级管理层中的就业比例。这绝对不是一份完整的名单，但重点是这些变化将直接影响不久的将来职场中的管理实践。

我并不想证明尾巴应该摇狗[①]。政策的变化势必与一系列利益相关者的利益有关，所以，把目光放得长远一些非常重要。但是，我在这里所说的制度创新的类型无疑将会对管理实践产生影响。因此，对政策制定者来说，重要的是要全面考虑其政策会带来什么结果，以及在何处采取行动才有助于推进管理实践。

教育界的议程

我想用一个更加个人化的注释作为结尾。作为一名顶尖商学院的教授，我知道我们很难对我们所教授的内容做出巨大的调整，但我们尝试去做是一件非常重要的事。我的前任同事舒曼特拉·高沙尔（Sumantra Ghoshal）常说，商学院的影响力既比我们认为的大，也比我们认为的小。相对而言，大公司高层做出的决定对我们几乎没有什么直接影响。我们的研究通常被商界忽视，我们与高管的关系也弱于他们与银行、法律和会计等专业人士的关系。另一方面，通过塑造下一代企业领导者的思想，我们也会拥有巨大的间接影响力。每一年，我们的观点和模式都会潜移默化地渗透进数万名 MBA 学生的态度和信念体系之中。这些学生很快就会对商业产生真正的影响力，我们传授给他们的知识最终会对他们的行为方式产生重大影响。

那么，我们教给学生什么呢？金融危机时期，商学院饱受指责，因为他们只教会学生非常有限的工具和技巧，因为他们未能提供广阔的视野，因为他们没有传授一个成功的商业生涯所需的基本道德伦理。我认为这些批评全都是不准确的。所有我熟知的商学院都拥有广阔的视野（包括基本伦理），都会投入很多的

① 美国谚语，常用于新闻界，说明弱的一方反过来左右强的一方这种奇怪的社会现象。

时间帮助学生提升他们的自我意识和人际交往能力。另外，商学院还非常注意与时俱进。它们会非常认真地考虑学生们的反馈，它们是非常有竞争力的，所以我们看到一直以来的课程内容，不管是解决最新问题的特殊课程，还是全新的核心课程和选修课，都有明显的创新。

但是，我认为存在下面这个问题。我们会花很多的时间教授学生标准化的商业和管理思维，但我们几乎不会让他们进行评价和批评。例如，经济学和金融学的绝大多数课程都基于所谓的有效市场假说（Efficient Market Hypothesis），战略方面的绝大多数课程从竞争战略的原理开始，而学生们很少有机会就这些理论背后的观点展开学术性的辩论。因此，学生们没有机会评价这些理论的优势和劣势，只能被要求接受和运用这些理论，好像它们就是自然界的基本法则。

正如本书多次提到过的，这个问题的出现是因为，过去一个世纪设立的管理"规章"并没有任何证据能够证明它们一定是最好的行为方式。在工程学院，老师就会要求学生们利用基本的物理原理帮助他们工作，这种假设是可行的，因为这些原理都是不可更改的。但是，管理"规章"是一种完全不同的组合形式：它们永远都不会是最终的且不可更改的，因为它们研究的是人类的行为，而人类的行为不完全是理性的、可预测的。

我希望看到我们的学生能有更多的机会评价和批评有关人类行为的理论，并帮助我们再造管理。而眼下，需要小心一些，因为如果在学生没有完全理解前就给予他们权利挑战已有的管理实践，我们就会冒着制造混乱局面的风险。我的建议略微更谨慎：我希望 MBA 学生能花上他们整个学习生涯 1/2~2/3 的时间学习管理原理，然后邀请他们花剩下的时间在商学院研究再造管理。他们应该学习批判性思考的技巧；应该参加学术辩论，质疑我们传授给他们的所有理论的正确性；应该去参加多种课程或撰写文章，从而能够构想全新的管理实践。

在某种程度上，我已经尝试了其中的一些想法。我曾和我的同事加里·哈默尔在伦敦商学院两次教授“管理创新的冒险”（Adventures in Management Innovation）这门课程，我曾要求我的学生们分组构想全新的管理实践。通过运用第 9 章介绍的一些技能，我要求学生识别公司关注的重要战略目标，确定阻碍公司实现其战略目标的障碍，然后提出一个彻底的补救方案。我邀请了几位高管评选最佳提案，并选出获胜者。我们的试验显示在两种情况下最有效：对全日制 MBA 学生来说，在为期两年的学习课程结束时，这种方式很有效，因为这是一种挑战和回顾他们所学知识的一种方式；对有经验的“高管”MBA 学生来说，这种方式在项目的早期就很有效，因为他们拥有足够多的各种经验，能够立即理解如何以一种有效的方式运用这些工具。

我从不认为商学院应该彻底改革自己的课程，因为每个商业专业人士都需要一整套知识，而且他们希望进入商学院后能学到这些知识。但是，我们有责任帮助我们的学生以一个更丰富的视角来看待我们传授给他们的理念，这些理念所基于的理论假设、产生的时代，以及基于原理与可见的管理实践之间的差异。

如果说我写这本书有一个目标，那就是把管理学作为一个重要领域放回到议程中，商业人士、政界人士和教育界人士都要认真对待。对他们来说，要考虑未来几年他们改进管理实践会带来什么样的结果。

致 谢
ACKNOWLEDGEMENTS

这本书是逾五载之劳作一点一滴累积而成的，其中包括我与数百位公司高管的访谈，以及和数十位同僚的长谈。虽然不可能一一致谢在写书过程中帮助过我的每一个人，但是，我希望至少能感谢赐予我灵感和洞见的那些来源。

加里·哈默尔是让我踏上写书之旅的那个人，我们首次讨论管理创新需求要追溯至 2004 年。我帮助加里创立了管理创新实验室。这些年来，它已经成为我们试验和汇聚思想的重要载体。本书中的许多观点都出自与加里的对话，对此我深表感谢。同样还要感谢其他加入管理创新实验室的人：朱斯·戈达德、杰里米·克拉克、艾伦·马查姆、莉萨·瓦利肯盖斯和斯图尔特·克瑞纳。管理实验室获得了瑞银集团、戴维·波特和伊莱恩·波特慈善基金会，英国特许人事发展协会和高级管理研究所提供的赞助。

衷心地感谢所有合著者，是你们帮助我把思想形成文字，并为将它们发表于学术和管理杂志上铺平了道路。有一些我们一起撰写的内容在书中明显被引用；另一些则对本书具有更为间接的影响。所以，我要感谢：蒂娜·安博斯、西里尔·布凯、安德鲁·坎贝尔、克丽丝·吉布森、朱斯·戈达德、休·詹金斯、莫腾·汉森、苏姗娜·海伍德、苏珊·希尔和迈克尔·莫尔。

在为撰写本书做准备的过程中，我采访了大约 200 位企业高管。虽然我没有很好地保存所有采访记录，但我还是要感谢以下这些给我提供有价值的案例或洞见的人们：弗朗斯丝卡·巴恩斯、托德·贝迪利翁、埃德·贝文、蒂姆·布鲁克斯、兰迪·蔡斯、杰克·休斯、利安尼·伊登、哈里·哈里哈伦、莫德斯塔斯、杰夫·霍伦德、拉里·休斯顿、休·詹金斯、P.V. 坎南、特里·凯利、格雷厄母·基尔、拉斯·科林德、斯里尼瓦斯·寇西克、约翰·麦基、蒂娜·麦卡勒姆、吉姆·麦基翁、迈克尔·莫利纳罗、苏内儿·杰雅思·诺拉威尼、维尼特·纳亚尔、希拉里·纽伊迈耶、杰里米·帕尔默、约翰·铂金斯、戴维·波特、罗宾·布拉特、荷马·拉威钱德拉、布鲁斯·雷纳、彼得·罗宾斯、艾瑞克·施密特、阿特·施耐德曼、罗斯·史密斯、托尼·斯塔德勒曼、亨利·斯图尔特、克劳迪厄斯·萨特、雷德·韦、麦克·温和戴维·袁。

在过去的 10 年中，伦敦商学院一直是我的职业家园，它为我专心撰写本书提供了完美的环境。学院对学术严谨性和管理相关性的双重关注，帮助我在不脱离正在构建的学术辩论的同时，使我的想法尽可能的具有实践性。所以，我要感谢劳拉·泰森院长、罗宾·布坎南院长和安德鲁·李柯曼院长，以及帮助我成书的同事们——琳达·格拉顿、迈克尔·雅克比蒂斯、科斯塔斯·马克蒂斯、法尼希·普伦南、唐·萨尔和弗里克•弗穆尔伦。当然，在我进入伦敦商学院的前几年中，休曼特拉·戈歇尔也对我产生了极其重要的影响，对我们所有人来说，他的离去都是一个重大损失。我的前雇主，斯德哥尔摩经济学院、多伦多大学和毅伟商学院也都在本书的完成过程中，起到了重要的作用。

实际上，本书的写作速度非常快，从 2009 年 7 月至 10 月初，仅用了大约 3 个月的时间。本书如此迅速的产出离不开卡伦·夏普的鼎力帮助，是她把我的初稿转化为流畅连贯的、可阅读的文本。她还在一些公司案例的研究中给予了我巨大的帮助。管理创新实验室早期整理的大量的案例研究也是本书写作速度能够如此快的另一个原因。为此，我要特别感谢斯图尔特·克雷纳、德斯·狄洛夫和西蒙·考尔金在这方面为我提供的帮助。在整个写作的过程中，我还得到了奈吉尔·欧文斯、劳拉·伯金肖、阿利斯特·麦克莱伦和罗西·罗伯逊的帮助，他们校订草稿各个章节，帮我核查事实。

最后，我要感谢来自出版商 Wiley/Jossey-Bass 的罗斯玛丽·尼克松和凯茜·斯威尼，感谢他们在 2008 年夏天对初次提案表现出的极大热情，以及在整个写作过程中给予我的鼓励。

关于作者

ABOUT THE AUTHOR

朱利安·伯金肖，伦敦商学院战略和创业学教授，获得西安大略大学毅伟商学院（Richard Ivey School of Business, University of Western Ontario）博士学位和MBA，英国杜伦大学（University of Durham, UK）理科荣誉学士学位。2009年，他被斯德哥尔摩经济学院（Stockholm School of Economics）授予“荣誉博士”称号。

伯金肖教授擅长的领域是大型跨国公司的战略和管理，具体如公司企业家精神、创新、总公司—子公司关系、知识管理、网络式组织和全球客户管理。

他还著有其他10本著作，包括2007年出版的《追求卓越：150年来最伟大的50项管理创新史》，2003年出版的《业务拓展管理：抱着西瓜，捡芝麻》（*Inventuring: Why Big Companies Must Think Small*），2002年出版的《埃里克森的领导之道》（*Leadership the Sven-Goran Eriksson Way*）和2001年出版的《跨国公司的企业家精神》（*Entrepreneurship in the Global Firm*）。此外，他还在《哈佛商业评论》（*Harvard Business Review*）、《麻省 - 斯隆管理评论》（*Sloan Management Review*）、《战略管理杂志》（*Strategic Management Journal*）和《管理学会期刊》（*Academy of Management Journal*）等期刊、杂志上发表文章逾70篇。伯金肖还担任多家大型企业的顾问和高管培训师，包括力拓、SAP、葛兰素史克、ABB、爱立信、通力、派特法、WPP、庞巴迪、莎莉集团、汇丰、阿克苏诺贝尔、罗氏、蒂森克虏伯、瑞银集团、普华永道、康乐保、BBC、联合利华和诺和诺德。

1998 年，伯金肖教授当选英国著名商业杂志《今日管理》评出的六大“新一代管理大师”之一。他的言论经常被 CNN、BBC、《经济学人》、《华尔街日报》和《时代周刊》等媒体引用。他还经常在英国、欧洲、北美和澳大利亚举办的多个商业会议上发表演讲。

伯金肖教授还与畅销书作家加里·哈默尔联合创建了管理创新实验室，旨在打造一种学术与商业之间独特的伙伴关系，从而加速推进管理的演变。